GENEVIEVE TAYLOR

HOLZBACKOFEN

DIE BESTEN REZEPTE ZUM BRATEN, GRILLEN, BACKEN

HEEL

EINFÜHRUNG

Über echtem Holzfeuer zu kochen macht geradezu süchtig und ich hoffe, dieses Buch wird auch Sie dazu inspirieren, hinauszugehen und alle Möglichkeiten Ihres Holzofens komplett zu nutzen.

In den letzten Jahren wurde der Besitz eines Holzofens regelrecht zu einem Statussymbol, aber warum eigentlich, wenn man in der Küche doch einen voll funktionsfähigen Herd hat? Für mich geht es darum, die Zwänge der modernen Technik abzuwerfen, mich auf kulinarische Abenteuer einzulassen und mich wieder dem grundlegendsten aller Elemente zu widmen: dem Feuer.

Dieses Gefühl, mit einem einzigen Streichholz Herrschaft über ein Feuer zu erlangen, über dem ich ganze Mahlzeiten zubereiten kann, ist einfach unnachahmlich.

Eins würde ich dabei am liebsten in die ganze Welt hinausrufen – in dem Ofen, den Sie für die perfekte Holzofen-Pizza gekauft haben, können Sie noch unzählige andere Dinge zubereiten. Die Bandbreite an Gerichten, die Sie im Holzofen garen können, ist nahezu endlos. Sie können braten, backen, grillen und smoken, Sie können den Ofen als Herd benutzen oder auch als riesigen Slow Cooker. Auf den folgenden Seiten finden Sie nicht nur zahlreiche tolle Pizza-Ideen sondern auch Rezepte für köstliche Brote, Kuchen und Desserts, für großartige Spieße, schnelle Braten und langsam gegarte Schmorgerichte aus der ganzen Welt. Sie werden sogar eine Marmeladen-Mousse, einen Holzofen-Cream-Tea, einen über Nacht gegarten Früchtekuchen für das Weihnachtsfest sowie einen dampfenden Topf Porridge zum Frühstück entdecken. Ihr Holzofen ist unglaublich vielseitig einsetzbar und nun ist es an Ihnen, seine Möglichkeiten zu entdecken.

Ohne Schalter zur Kontrolle von Temperatur und Luftstrom werden Sie zu einem intuitiven Koch, der auf seine Sinne hört, nicht auf das Piepsen der Uhr. Machen Sie sich frei von festen Garzeiten und Kochtemperaturen – als professionelle Kochbuchautorin war das für mich sowohl beängstigend als auch befreiend. In den folgenden Rezepten sind zwar Garzeiten und Temperaturen angegeben, an die Sie sich jedoch nicht sklavisch halten sollten. Lernen Sie lieber, instinktiv darauf zu vertrauen, wann ein Gericht fertig ist. Arbeiten Sie mit Ihrem Feuer als Team. Wie bei jeder neu erlernten Fähigkeit steigt das Selbstvertrauen mit zunehmender Übung und führt dadurch zum Erfolg. Manchmal wird sich Ihr Ofen nicht so verhalten, wie Sie es gern hätten – selbst mir passiert das an besonders kalten oder feuchten Tagen noch – aber wenn Sie durchhalten, werden Sie am Ende dafür belohnt.

Das Kochen in einem Holzofen ist irgendwie auch immer ein sehr geselliges Event; Sie sollten sich also nicht wundern, wenn sich auf einmal Freunde und Nachbarn um Ihren Holzofen scharen und mithelfen wollen. Es lohnt sich auf jeden Fall, den Holzofen das ganze Jahr über anzufeuern, nicht nur an lauen Sommerabenden. Ihr Ofen erfordert eine ordentliche Investition von Zeit und Geld (je nachdem, was für ein Modell Sie kaufen), deshalb sollten Sie ihn auch bestmöglich ausnutzen.

Für mich ist die zufriedenstellendste Holzofengarmethode das Management der langsam sinkenden Temperatur, um verschiedenste Gerichte zuzubereiten. Auch in diesem Buch sinkt die Temperatur der Rezepte, je weiter Sie nach hinten vordringen. Sie beginnen also mit den heißesten Gerichten und arbeiten sich zu den kühlsten vor. Haben Sie erstmal ein Feuer mit dem lange getrockneten, oder teuer gekauften, Holz entzündet, sollten Sie auch mehrere Gerichte parat haben, die Sie der sinkenden Temperatur entsprechend nacheinander zubereiten. Auf diese Weise erhalten Sie gleich mehrere Mahlzeiten für die kommenden Tage. Besonders gut eignen sich dafür Suppen und Eintöpfe, aber auch Brote und Kuchen. Es ist ein großartiges Gefühl zu wissen, dass man auch noch das letzte Fünkchen Energie aus seinem Ofen herausholt.

Sie finden mich übrigens in den sozialen Medien als @genevieveeats, also sagen Sie mir doch einmal Hallo, stellen Sie mir Fragen über das Garen im Holzofen und – am allerliebsten – schicken Sie mir Fotos von Ihren essbaren Holzofenkreationen!

WELCHE ART VON OFEN SOLLTE ICH WÄHLEN?

Es gibt unzählige Holzofenvarianten auf dem Markt, von festen Öfen aus Ziegeln und Steinen wie meinem, über tragbare Geräte bis zu wackeligen Tischmodellen. Falls Sie noch keinen Ofen gekauft haben, gibt es etliche Punkte, die Sie vor dem Kauf beachten sollten:

- Wie viel Platz haben Sie? Kann der Ofen fest verbaut werden oder muss er ggf. verrückbar sein und im Winter – sofern er nicht winterfest ist – sicher untergestellt werden?
- Tragbare Öfen, z. B. Uuni oder Roccbox, sehen durch ihr glänzendes, kompaktes Design toll aus und sind zudem relativ preiswert. Sollten Sie einmal umziehen, können Sie diese Öfen problemlos mitnehmen.
- Metallöfen werden schneller heiß und sind dadurch rasch betriebsbereit, sie kühlen allerdings auch schneller wieder ab, was die Bandbreite an zuzubereitenden Speisen einschränken kann. Viele Metallöfen, z. B. Ramster, lassen sich auch fest verbauen.
- Fest verbaute Ziegel- oder Steinöfen lassen sich wesentlich besser isolieren. Falls Sie planen, beim Kochen stundenlang die Resthitze zu nutzen oder Gerichte über Nacht zuzubereiten, brauchen Sie einen Ofen, der rundherum hervorragend isoliert ist. Da für mich klar war, dass ich das Potenzial meines Ofens voll ausschöpfen will, habe ich mich für diese Variante entschieden. Sie ist allerdings eine ernsthafte Investition, sowohl was den Preis angeht als auch den Platz, den der Ofen im Garten einnimmt.
- Größer ist nicht zwangsläufig besser – größere Öfen brauchen länger zum Aufheizen. Wollen Sie in erster Linie Pizza backen, sollten Sie stets bedenken, dass eine Pizza jeweils nur ein paar Minuten Garzeit benötigt, sodass Sie nicht immer mehrere gleichzeitig backen müssen (oft ist es ohnehin einfacher, sie einzeln zuzubereiten, siehe das Kapitel über Pizza ab S. 15 für Tipps und Tricks). Große Öfen kühlen natürlich langsamer ab – ist das Low-and-Slow-Garen Ihr Hauptinteresse, eignen sich diese Modelle besser. Ich habe mich für einen mittelgroßen Ofen entschieden, der mir einen guten Kompromiss bot für das, was ich wollte.

MEIN OFEN

Alle Rezepte in diesem Buch wurden in einem Holzofen in meinem Garten in Bristol getestet. Ich koche in einem mittelgroßen, gut isolierten Ofen, den ich als Bausatz von Gozney Ovens kaufte, einer in Dorset ansässigen Firma, die Öfen entwirft und regional herstellt. Der Ofen wurde von der DEFRA für den Betrieb in einer sogenannten „smoke control area", das heißt, einem Gebiet, in dem kein Rauch ausgestoßen werden darf, genehmigt. Das ist für mich sehr wichtig, da ich in ebenso einer Gegend wohne. Zudem wollte ich einen Ofen, der so energieeffizient wie möglich ist. Ich verwende nur sehr feuchtigkeitsarmes, im Meiler getrocknetes Holz und Briketts aus gepressten Sägespänen. Zum einen bieten sie eine optimale Hitzeentwicklung, zum anderen entwickeln sich durch die effizientere Verbrennung sehr wenig Rauch und Rußpartikel. Mein Ofen ist oben und unten hervorragend isoliert und mit einem guten Feuer kann ich bis zu 24 Stunden, oder sogar noch etwas länger, darin kochen, da die Temperatur sehr sanft und langsam sinkt.

Mein Mann und ich haben den Ofen selbst aufgebaut – eine körperlich schwere aber sehr befriedigende Arbeit, die mehrere Wochenenden beanspruchte. Zunächst bauten wir ein starkes Fundament, in dem wir Brennholz und Ausrüstung aufbewahren können. Darauf platzierten wir eine Isolierschicht über einem Gitter aus Betonstürzen. Obenauf kam die Kuppel, etwas nach hinten versetzt, damit mir eine breite Arbeitsfläche zur Verfügung steht. Das Ganze wurde mit dichter Dämmwolle isoliert, auf die eine zehn Zentimeter dicke Schicht einer Vermiculite-Betonmischung aufgetragen wurde, welche schließlich mit einem flexiblen Putz verputzt wurde. Letztendlich wurde es ein gewaltiger Brocken, der garantiert niemals umziehen wird. Wir haben den Bau im Zeitrafferverfahren gefilmt; Sie finden den Film auf meinem YouTube-Kanal (GenevieveEats TV), falls Sie sich das Ganze einmal genauer ansehen möchten.

WO SOLL DER OFEN STEHEN?

Stellen Sie den Ofen möglichst nah ans Haus, idealerweise so, dass Sie ihn (und auch sich selbst) vor der Witterung schützen können. Als Schutz kann ein permanentes Dach dienen, falls Sie genug Platz haben und die eingeschränkte Aussicht kein Problem ist. Es reicht aber auch ein einfacher Gartenschirm; achten Sie nur darauf, den Abzug des Ofens nicht zu verdecken. Ich verwende einen Schirm aus Segeltuch, da bei mir nur der Koch vor den Unbillen des Wetters geschützt werden muss.

Wenn Sie den Ofen selbst bauen, sollten Sie daran denken, ausreichend Arbeitsfläche drumherum zu schaffen. Wie auch in der Küche ist es extrem frustrierend, wenn nicht genug Platz zum Arbeiten verfügbar ist. Idealerweise können Sie Holz und Geräte direkt unter dem Ofen verstauen, sodass sie stets griffbereit sind – ein weiteres Argument, das für den Eigenbau spricht, sofern möglich. Es macht einfach Spaß, den Ofen genau nach den eigenen Vorstellungen und Bedürfnissen einzurichten.

ANZÜNDEN UND BETREUEN DES FEUERS

Das Anzünden des Feuers ist für mich eines der größten Vergnügen. Es macht mir wahnsinnig viel Spaß und wie alle begeisterten „Feuerteufel" habe ich mein ganz eigenes Ritual. So wie ich es gelernt habe – ich weiß gar nicht mehr von wem, meinem Vater? Meinem Bruder?

Bei den Pfadfindern? – fängt man klein an und lässt das Feuer nach und nach größer werden, indem man immer größere Holzstücke auf die Basis aus Feueranzünder und Kleinholz legt. Diese Methode ist altbewährt und funktioniert gut, erfordert aber einigen Arbeitsaufwand.

In letzter Zeit wurde ich zu einem eifrigen Verfechter der umgekehrten Methode. Dabei baut man auf einer Metallschaufel einen sorgfältigen Stapel aus Holzscheiten (wie bei dem Spiel Jenga), beginnend mit dem größten ganz unten und einem Bund Kleinholz obenauf. Darauf geben Sie einen natürlichen Feueranzünder, z. B. ein Knäuel in Wachs getauchte Holzspäne, und zünden ihn an. Sobald der Feueranzünder brennt, bringe ich die Metallschaufel in die Mitte des Ofens und schiebe dann vorsichtig das Holz herunter, sodass der Stapel im Ofen erhalten bleibt. Das Feuer entzündet nun das Kleinholz, von dem wiederum Glut nach unten auf die größeren Scheite fällt und diese entzündet, bis Sie am Ende ein loderndes Feuer haben. Der große Vorteil dieser Methode besteht darin, dass Sie lediglich kurz aufpassen müssen, ob das Kleinholz Feuer gefangen hat. Anschließend müssen Sie nur warten, bis der Ofen die gewünschte Temperatur erreicht – bei mir dauert das etwa eine Stunde. Sollte Ihr Ofen jedoch zu klein sein, um eine ganze Ladung Feuerholz unterzubringen bzw. die Tür nicht hoch genug sein, ist die Methode eher ungeeignet.

Experimentieren Sie ein bisschen herum und finden Sie heraus, welche Methode Ihnen am ehesten liegt und welche sich am besten für Ihren Ofen eignet.

OPTIMALE BEFEUERUNG

In den meisten Fällen empfiehlt es sich, den Ofen auf eine relativ hohe Temperatur vorzuheizen und ihn dann langsam abkühlen zu lassen. Durch die sinkende Temperaturkurve können Sie mehrere Gerichte hintereinander zubereiten. Ein Ofen, dessen Boden, Wände und Decke richtig durchgeheizt sind, bietet Ihnen ein viel stabileres Arbeitsumfeld. Das wiederum ist besonders beim Backen wichtig, da hierbei eine gleichmäßige Temperatur im ganzen Ofen von Vorteil ist, ohne einzelne heiße und kühle Stellen.

Sobald Ihr Ofen seine optimale Temperatur erreicht hat, werden Sie sehen, wie sich auf dem Dach ein kleiner weißer Fleck bildet, der sich immer weiter ausbreitet. Die steigende Temperatur können Sie aber perfekt ausnutzen, z. B. um Gemüse für den Pizzabelag zu braten. Dafür müssen Sie nicht auf die optimale Temperatur warten.

BRENNSTOFF

Wenn Sie versuchen feuchtes Holz zu verfeuern, werden Sie mit der Hitzeentwicklung in Ihrem Ofen immer unzufrieden sein. Feuchtes Holz qualmt stark und ist einfach ein undankbares Arbeitsmaterial. Idealerweise verwenden Sie im Meiler getrocknetes Holz, und zwar das beste, das Sie bekommen können. Sie werden sehen, wie groß dessen Effizienz ist und wie die Produktivität Ihres Ofens steigt. Ich verwende zudem Sägespänebriketts, ein umweltfreundliches Nebenprodukt der Holzindustrie, da diese sehr heiß und sauber verbrennen, praktisch ohne Aschebildung. Bei meinem Ofen funktioniert eine Kombination aus beidem am besten. Sie können Ihren abkühlenden Ofen auch nutzen und über Nacht normal abgelagertes Holz darin trocknen, vorausgesetzt, es gibt keine Glut mehr, die das Holz entzünden könnte. Ich nutze diese Möglichkeit selten, da ich meinen Ofen lieber als Slow Cooker für Mahlzeiten am nächsten Tag verwende. Angezündet werden meine Feuer übrigens stets mit einem kleinen Bündel Holzspäne, die in Wachs getaucht wurden und ohne stinkende Gase verbrennen.

SCHÄTZEN DER TEMPERATUR

Das richtige Einschätzen der Ofentemperatur ist wesentlich schwieriger, als Sie vielleicht denken – ein weiterer Grund, sich vom strengen Glauben an fixe Gartemperaturen zu befreien. Ich kann Ihnen keine genauen Angaben machen wie „bei 180 °C für 20 Minuten in den Ofen schieben" und garantieren, dass das Gargut dann mit hundertprozentiger Sicherheit gar ist. Dafür gibt es viele Gründe – Sie messen die Temperatur an einem anderen Ort als ich, ein Infrarotthermometer (siehe Grundausrüstung S. 12) liefert nur die Temperatur an einem bestimmten Punkt am Boden, sagt aber nichts über die Lufttemperatur aus oder darüber, wie die Hitze im Ofen steigt oder sinkt. Ein in der Tür eingebautes Thermometer gibt recht verlässlich Auskunft über die Lufttemperatur, wenn Sie die Tür aber öfter öffnen und schließen, kann es nicht mehr richtig arbeiten. Garen Sie über der Flamme, können Sie die Tür nicht schließen, da Sie dem Feuer sonst Sauerstoff entziehen und können dementsprechend das Thermometer nicht nutzen.

Grundsätzlich sollten Sie das Gargut in den Ofen stellen, wenn dieser etwas heißer als erwartet ist, da die Lebensmittel Energie absorbieren und die Temperatur dadurch sinkt. Denken Sie immer daran, durch das Entzünden des Feuers verleihen Sie Ihrem Ofen Energie – Sie haben quasi eine Batterie gebaut – und durch die Zugabe von Gargut entziehen Sie dieser Batterie wieder Energie. Ein schwerer, gusseiserner Bräter voll kalter Flüssigkeit und festem, rohem Fleisch entzieht dem Ofen garantiert mehr Energie als eine dünne Metallplatte mit einem einzelnen Fischfilet darauf. Ist Ihr Ofen groß genug, können Sie seine Produktivität maximieren, indem Sie mehrere Gerichte gleichzeitig garen. Dadurch sinkt die

Temperatur aber schneller, als wenn Sie nur ein Gericht im Ofen haben. Die Batterie-Analogie ist der Hauptgrund, warum ein optimal isolierter Ofen zur Zubereitung einer großen Bandbreite an Gerichten ideal geeignet ist – je mehr Isolierung, desto mehr Energie kann für das Kochen gespeichert werden.

TEMPERATURKONTROLLE

Sie werden auf alle Fälle lernen müssen, die Temperatur Ihres Ofens zu erhöhen und zu senken, denn für ein erfolgreiches Garen im Holzofen ist dieses Wissen unerlässlich. Viele meiner Rezepte weisen eine flexible Temperaturspanne auf und ich habe mich bemüht, stets darauf hinzuweisen. Diese Gerichte können Sie also bei höheren oder niedrigeren Temperaturen zubereiten und müssen dann nur die Garzeit entsprechend anpassen.

Erhöht wird die Hitze durch das Hinzufügen von Brennstoff, deshalb sollten Sie stets einen ausreichenden Vorrat an Holzscheiten (etwa so dick wie Ihr Unterarm) parat haben, die Sie dann nacheinander in das Feuer legen. Sind die Holzscheite zu dick, fangen sie schwer Feuer und entwickeln oft viel Rauch. Ist Ihr Holz schön trocken, können Sie dem Feuer auch etwas Brennstoff zuführen wenn Sie bereits Essen im Ofen haben, denn das Holz fängt schnell an zu brennen. Sollte Ihr Feuer jedoch „mürrisch“ sein, nehmen Sie das Essen lieber heraus, legen reichlich Holz nach und verpassen dem Ganzen einen kräftigen Luftstoß mit dem Kupferrohr (siehe Grundausrüstung). Sobald das Feuer brennt und Sie wissen, dass Sie über eine gewisse Zeit eine konstante Temperatur benötigen, legen Sie besser regelmäßig kleine Scheite nach. Bei jedem Feuer gibt es einen Punkt an dem es, ist er erst einmal überschritten, nur sehr schwer wiederbelebt werden kann. Sollten Sie sich an diesem Punkt wiederfinden, ist es besser, die Niederlage einzugestehen, das Gargut herauszuholen und das Feuer ganz neu zu entzünden.

Sie können die für das Garen notwendige Hitze auch erhöhen, indem Sie das Feuer im Ofen hin und her schieben. Die Stelle, an dem sich das Feuer befand, ist extrem heiß und bietet vielleicht genau den Hitzeschub, den Ihr Essen zum Garen braucht.
Wenn ich das Feuer in meinem Ofen umher schiebe, ist es gerne einmal beleidigt, sodass ich mit einem kleinen Luftstoß aus dem Kupferrohr nachhelfen muss. Nichtsdestotrotz sollten Sie sich ruhig angewöhnen, das Feuer umher zu schieben, da sich der Ofen dadurch rundherum gleichmäßig aufheizt und die Temperatur beständiger wird.

Wollen Sie die Hitze reduzieren, legen Sie einfach kein Holz mehr nach und lassen der Natur ihren Lauf. Ist die Isolierung nicht sehr ausgeprägt, kann das recht schnell gehen; bei einer dicken Isolierschicht kann es hingegen eine gefühlte Ewigkeit dauern. Sie können auch die Tür offen lassen. Will ich meinen Ofen rasch abkühlen, stelle ich einen großen Suppentopf mit kaltem Wasser hinein, das die Energie absorbiert und überraschend schnell anfängt zu kochen.

Als Bonus können Sie es anschließend zum Abwaschen verwenden. Achtung! Lassen Sie sich niemals dazu verleiten, den Ofen direkt mit Wasser zu bespritzen, da er sonst Risse bekommen kann.

MIT EINEM KALTEN, FEUCHTEN OFEN ARBEITEN

Sie sollten wissen, dass ein Ofen, der regelmäßig benutzt wird, wesentlich effizienter arbeitet als einer, der nur einmal im Monat angezündet wird. Mein Ofen ist beleidigt, wenn ich ihn längere Zeit nicht benutze. Wenn ich also weiß, dass ich am nächsten Tag eine wirklich perfekte Leistung benötige (z. B. für eine Party), feuere ich ihn bereits am Vortag an, damit er schon einmal vorgewärmt ist. Wurde Ihr Ofen länger nicht benutzt, und ist es zudem feucht und kalt draußen, sollten Sie darin einige kleine Feuer anzünden, damit er sich langsam erwärmen kann. Ein heftig loderndes Feuer in einem eiskalten Ofen kann dazu führen, dass sich in der Kuppel Risse bilden.

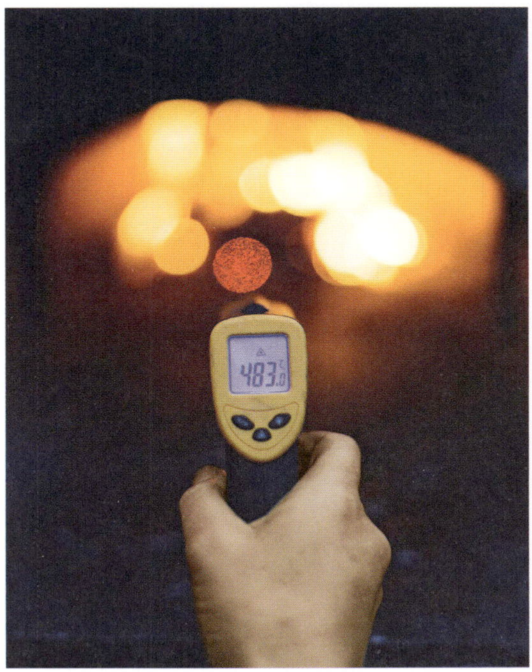

GRUNDAUSRÜSTUNG

Damit Sie die extrem heißen Temperaturen in Ihrem Ofen gut ausnutzen können, benötigen Sie ein wenig Spezialausrüstung.

Schweißerhandschuhe
Es tut mir leid, aber Ihre gewöhnlichen Ofenhandschuhe sind für das Kochen mit offenem Holzfeuer nicht geeignet. Dicke, lederne Schweißerhandschuhe, die bis zum Ellenbogen reichen, bieten Ihnen dafür den richtigen Schutz. Allerdings ist es ziemlich frustrierend, dass es sie meist nur in der Einheitsgröße „riesig" gibt. Liebe Hersteller, auch Mädchen spielen gerne mit Feuer!

Infrarotthermometer
Ein Infrarotthermometer ist unerlässlich, um sich ein Bild von der Hitzeverteilung im Ofen zu machen. Achten Sie beim Kauf darauf, dass es bis 500 °C und mehr reicht – einige enden bei 300–350 °C, was bei einem holzbefeuerten Ofen einfach nicht ausreicht.

Holzschaufel
Auf einer hölzernen Pizzaschaufel wird die Pizza vorbereitet und in den Ofen geschoben. Holz ist für rohen Teig die beste Wahl, da es viel besser isoliert als Metall und der Teig nicht so rasch daran kleben bleibt, wenn Sie die Pizza in den Ofen schieben. Die Holzschaufel eignet sich auch ideal für die Zubereitung von Brot.

Metallschaufel
Eine Metallschaufel eignet sich besser dafür, die Pizza umher zu bewegen und wieder herauszuholen, da sie viel dünner ist und dadurch leicht unter die Pizza gleitet. Sie eignet sich auch gut für das Bewegen leichterer Töpfe und Pfannen, ist aber für schweres, gusseisernes Gerät nicht stabil genug. Ich baue mein Feuer immer am Eingang des Ofens auf meiner Metallschaufel, bevor ich es in die Mitte schiebe. Außerdem bewege ich damit das angezündete Feuer und/oder die Glut im Ofen umher.

Schürhaken
Diese lange Stange mit einem Haken an einem Ende ist perfekt geeignet, wenn Sie schwere Töpfe und Pfannen aus dem Feuer ziehen wollen. Sie können damit auch sehr gut im Feuer herumstochern. Es gibt speziell für diesen Zweck geschmiedete Schürhaken; ich habe jedoch improvisiert – meiner besteht aus einem Messinghaken zum Öffnen und Schließen von Schiebefenstern, den ich an einem gekürzten Besenstiel befestigt habe.

Kupferrohr
Gart man direkt auf dem blanken Boden des Ofens, nennt man das „nacktes Backen". Ein langes Stück Kupferrohr ist unerlässlich dafür, denn Sie können damit die Asche vom Boden wegpusten, bevor Sie Ihr Gargut darauf legen. Plätten Sie ein Ende des Rohres vorsichtig mit dem Hammer ein wenig, damit Sie den Luftstrom besser steuern können. Das Ganze eignet sich auch prima dazu, dem Feuer ein wenig Sauerstoff zuzuführen, wenn es schwächelt. Insgesamt ist das Kupferrohr eines meiner einfachsten, aber liebsten Geräte. Wollen Sie dem Feuer Luft zuführen, können Sie natürlich auch einen Fächer verwenden. Meiner besteht aus Korbgeflecht und hat in einem portugiesischen Supermarkt einen Euro gekostet. Sehr gut angelegtes Geld!

Kochgeschirr
Das meiste Kochgeschirr, das Sie in der Küche verwenden, eignet sich auch für den Holzofen, solange es weder Kunststoff- noch Holzteile besitzt. Ich nehme bedenkenlos meine gewöhnlichen Bräter und Töpfe – die dünneren können sich bei der extremen Hitze etwas verziehen, springen nach dem Abkühlen aber normalerweise in ihre ursprüngliche Form zurück. Billige, bunte Metallteller und -platten, wie man sie oft in indischen Restaurants findet, sind großartig, da sie Hitze bestens leiten. Sie eignen sich perfekt zum scharfen Anbraten, oder wenn Sie ganze Gemüsestücke über Nacht braten oder Gewürze im abkühlenden Ofen kurz rösten wollen. Mag sein, dass sie sich dabei verfärben und verziehen, aber das ist egal. Zum langsamen Garen sind Steingut- und Terrakottagefäße die erste Wahl.

Gusseisentöpfe (Dutch Oven) eignen sich hervorragend für langsame Schmorgerichte und Aufläufe, da sie nahezu unzerstörbar sind. Gusseisentöpfe und -pfannen wollen aber gut gepflegt werden, damit sie nicht rosten. Nach der Verwendung sollten sie ohne Seife sanft ausgewaschen – nicht wild darin herum schrubben! – und sorgfältig getrocknet werden. Dann wischen Sie den Topf mit einem Tropfen Pflanzenöl aus und stellen ihn bei starker Hitze auf den Herd (oder einfach in Ihren Holzofen). Das Öl wird dabei zu einer Art natürlichen Antihaftbeschichtung eingebrannt.

Wollen Sie in Ihrem Holzofen auch grillen, benötigen Sie natürlich einen Grilleinsatz. Es gibt spezielle Geräte dafür, ich verwende einfach einen umgedrehten Grillgutwender für den gewöhnlichen Grill.

ETEKCITY

1

PIZZA NATÜRLICH!

EXTREM HEISS, 350–400 °C

Dem Zauber einer Pizza kann sich fast keiner von uns entziehen. Der Traum von echter Holzofenpizza brachte mich überhaupt erst auf die Idee, selbst einen Holzofen besitzen zu wollen und ich wette, das geht nicht nur mir so. Es gibt einfach keine bessere Pizza als Holzofenpizza. Ich hoffe, in diesem Kapitel werden Sie alles lernen, was Sie zur Realisierung Ihrer Pizzaträume wissen müssen.

Es gibt einen ganz einfachen, physikalischen Grund dafür, warum Holzofenpizza besser schmeckt als Pizza aus einem gewöhnlichen Backofen und das ist die Temperatur. Ein gewöhnlicher Küchenofen erreicht 220–230 °C, während ein gut gebauter, perfekt isolierter Holzofen durchaus mehr als das Doppelte erreichen kann. Häufig ist mein Ofen viel zu heiß für Pizza, 500 °C und mehr, und ich muss warten, bis er auf eine ideale Pizzatemperatur herunter gekühlt ist. Diese liegt bei 350–400 °C.

Ein heißerer Ofen führt zu einem schnelleren Aufgehen des Teiges. Durch größere Hitze expandiert die Luft rascher, die in den Bläschen im Teig eingeschlossen ist, wodurch die Pizzabasis leichter und luftiger wird. Zudem entsteht ein größerer Kontrast zwischen der knusprigen, leicht geschwärzten Kruste außen und einem weichen, lockeren Teig innen. Sie sollten beim Essen niemals die Macht der Konsistenz unterschätzen – die Kombination von etwas Knusprigem mit etwas Weichem, Schmelzenden (klingt das nicht nach einer perfekten Pizza?) führt einen direkt ins kulinarische Nirvana.

Bei großartiger Pizza geht es aber nicht nur um den Teig, obwohl dieser ein besonders wichtiger Faktor ist, sondern auch um das, womit die Pizza belegt wird. Ich denke, Pizza ist auf Partys so beliebt, weil sie völlig individuell angepasst werden kann. Als würden Sie sich in einem netten Restaurant etwas von der Speisekarte aussuchen, so können Sie zuhause völlig frei entscheiden, was auf Ihre Pizza kommt und was nicht. Beim Pizzabelag gibt es kaum Regeln, eines ist jedoch wichtig: Übertreiben Sie es nicht! Was Pizza angeht, so ist weniger definitiv mehr. Wählen Sie lieber wenige intensive Zutaten als eine große Menge fade schmeckender Dinge. Die perfekte Pizza herzustellen ist durchaus im Bereich des Möglichen, man muss aber ein bisschen üben – und dabei wird garantiert so einiges schief gehen. Keine Sorge, schmecken werden Ihre Versuchsobjekte immer, also nicht aufgeben! Jedes Mal, wenn Sie den Ofen anheizen, jedes Mal, wenn Sie Pizzateig kneten und formen, werden Sie sich verbessern, das verspreche ich Ihnen.

Also, worauf warten wir?

DER PIZZA-ZEITPLAN

Beim Kochen bin ich nicht gerade ein Fan von militärisch durchorganisierten Aktionen, aber ich fürchte, bei Pizza haben wir keine Wahl. Holzofenpizza gart schnell, extrem schnell, und wenn Ihr Ofen eine ideale Temperatur hat, ist so eine Pizza in wenigen Minuten fertig. Das ist sowohl ein Segen als auch ein Fluch. Durch die extrem starke Hitze des Holzfeuers erhalten Sie die beste Pizza, die Sie jemals gegessen haben, aber leider ist sie auch genauso schnell verbrannt. Sie müssen also jederzeit zur Stelle sein und alle Schritte genau durchgeplant haben, bevor Sie anfangen.

Hier finden Sie einen kleinen Zeitplan mit allem, woran Sie denken müssen. Alle folgenden Schritte werden auf den nächsten Seiten noch einmal ausführlicher erläutert.

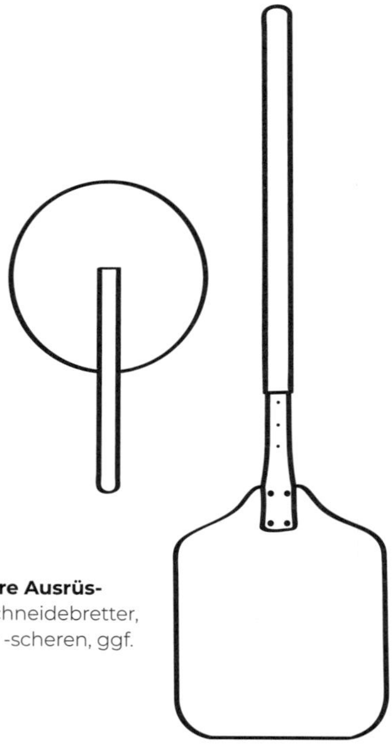

1 **Setzen Sie den Teig 2–3 Stunden an,** bevor Sie die erste Pizza backen wollen.

2 Sobald der Teig zum ersten Mal aufgegangen ist, bereiten Sie die Pizzasauce zu – entweder traditionelle Tomatensauce (siehe S. 21) oder, wenn es einmal etwas anderes sein darf, köstliche weiße Sauce (siehe S. 21).

3 **Organisieren Sie Ihre Ausrüstung** – Schaufeln, Schneidebretter, Pizzaschneider oder -scheren, ggf. Folienquadrate.

4 **Formen Sie Kugeln** aus dem Teig und lassen Sie diese auf mit Mehl bestäubten Backblechen ruhen – sie müssen noch einmal etwa 2 Stunden gehen, bevor Sie dünne runde Pizzaböden daraus machen können.

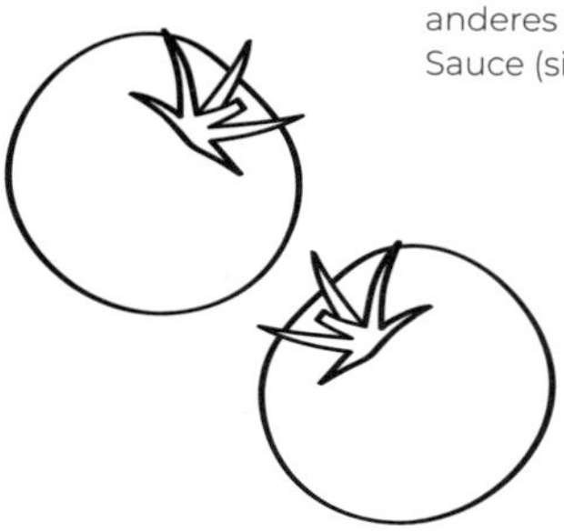

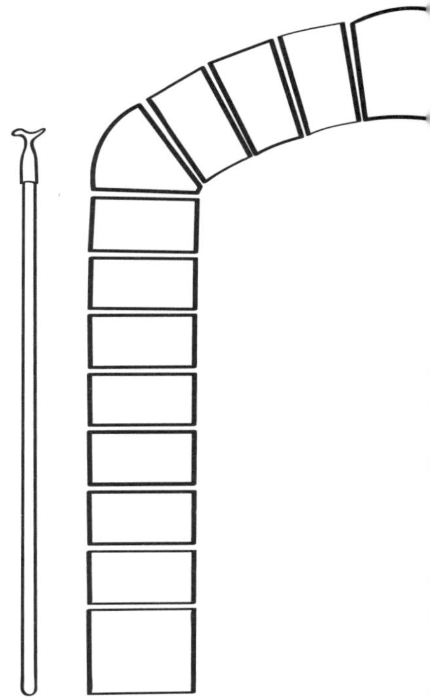

5 **Zünden Sie das Feuer an** – es braucht etwa 1 Stunde, bis es seine optimale Temperatur erreicht hat. Ich empfehle Ihnen die Methoden „von oben nach unten“ (siehe S. 9), da Sie sich nach dem Anzünden um andere Dinge kümmern können und nicht auf das Feuer achten müssen.

6 **Legen Sie sich den Pizzabelag zurecht,** während der Ofen aufheizt. Nutzen Sie die steigende Temperatur, um z. B. Gemüse zu braten.

7 **Gehen Sie nach draußen!** Bringen Sie alles, was Sie benötigen, so nah an den Ofen wie möglich, damit Sie nicht ständig zurück in die Küche laufen müssen.

8 **Formen und belegen Sie die Pizza** am Feuer, wenn möglich.

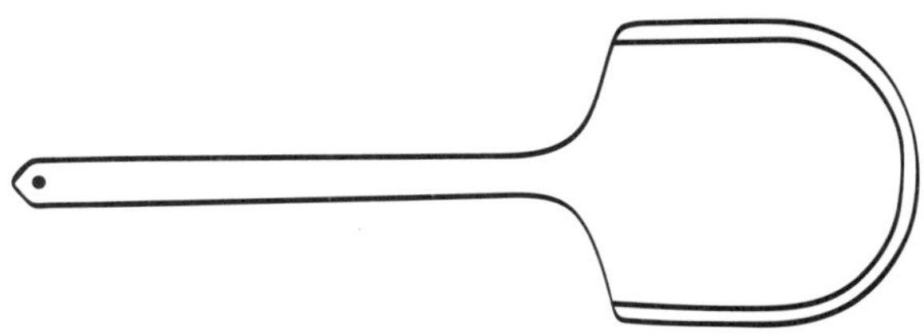

9 **Garen Sie die Pizza.**

DIE BASIS – DER PERFEKTE TEIG

Eine denkwürdige Pizza wird oft mit dem Geschmack des Belages verknüpft, aber es ist völlig unmöglich, eine großartige Pizza mit minderwertigem Teig herzustellen. Vielleicht erscheint es Ihnen langweilig, aber ich bleibe beim Teig am liebsten beim altbewährten, einfachen Rezept mit Olivenöl. Für mich hat eine perfekte Pizza einen dünnen, knusprigen Boden mit einem etwas höheren, luftigen Rand. Aus diesem Grund experimentiere ich hier nicht mit ungewöhnlichen Mehlsorten und Zubereitungstechniken, wie ich es bei anderen Brotsorten gerne mache. Ich habe daher nur ein Rezept für Pizzaboden, aber es ist ein wirklich gutes.

Mehl und Hefe

Für meinen Pizzateig verwende ich gewöhnliches, kräftiges, weißes Brotmehl. Davon habe ich immer etwas im Schrank; zudem ist es preiswert und einfach zu bekommen. Einige Backfans mögen auf ein extra feines, italienisches Mehl Typ 00 bestehen und es lohnt sich, damit zu experimentieren, wenn man welches hat, ich finde aber, dass gewöhnliches, weißes Brotmehl ebenfalls großartige Ergebnisse liefert.

Was die Hefe angeht, so arbeite ich immer mit Instanthefe, die nicht mit Wasser angerührt werden muss, aber Sie können auch jede andere Art von Hefe verwenden, die Sie im Supermarkt erhalten. Auf die Gefahr hin, wie ein Angeber zu klingen, aber vor einigen Jahren habe ich einmal mit dem englischen Starkoch Paul Hollywood zusammengearbeitet und ihm ein Brot mit Aktiv Trockenhefe gebacken. Er teilte mir sehr streng mit, dass er stets Instanthefe verwendet, da man diese nicht erst in warmem Wasser auflösen muss. Nun, was für Paul gut genug ist ...

Sollten Sie einen Sauerteigansatz haben, können Sie auch diesen anstelle der Hefe verwenden. Nehmen Sie dabei 200 g des Ansatzes für das Rezept, reduzieren Sie das Mehl auf 800 g und verwenden Sie so viel Wasser wie Sie brauchen, damit der Teig geschmeidig wird. Sie wissen selbst am besten, wie stark Ihr Ansatz ist und sollten die Mengen anhand dieser groben Richtlinien anpassen. Ich rate Ihnen jedoch, dieses Rezept einige Male auszuprobieren, damit Sie ein Gefühl für die richtige Konsistent bekommen. Dann können Sie es mit Wasser, Mehl und Sauerteigansatz leichter reproduzieren.

PIZZATEIG MIT WENIG KNETEN

Dies ist der Pizzateig, auf den ich schwöre und er basiert auf einem Rezept aus Dan Lepards großartigem Backbuch, Short and Sweet. Es ist eines der denkbar einfachsten Rezepte – der Teig muss praktisch nicht geknetet werden. Ziehen und schieben Sie ihn einfach auf einer eingeölten Arbeitsfläche einige Male sanft hin und her, als würden Sie ein weiches, fluffiges Federkissen in den Händen halten. Tatsächlich richten sich inzwischen fast alle Brote, die ich backe, nach Dans „Minimalknetmethode".

Das zweite Gehen, nachdem Sie den Teig zu Kugeln geformt haben, ist unerlässlich, da nun das Gluten aufgespalten wird und sich die Teigkugeln dann sanft zu flachen Pizzaböden plätten lassen, ohne dass sich der Teig gleich wieder zusammenzieht.

DIESES REZEPT ERGIBT GENUG TEIG FÜR 8 GROSSE PIZZEN – halbieren Sie es einfach, falls Sie weniger benötigen. Brauchen Sie mehr, sollten Sie separate Ladungen machen, da der Teig sonst zu unhandlich wird.

900 g kräftiges weißes Brotmehl, + etwas mehr zum Formen und Ziehen des Teiges
2 TL Instanthefe
2 TL Salz
600 ml lauwarmes Wasser
4 EL Olivenöl, + etwas mehr zum Bearbeiten des Teiges

Das Mehl, die Hefe und das Salz in einer Schüssel verrühren. Das Wasser und die 4 EL Öl hineingießen und alles verrühren, bis kein trockenes Mehl mehr zu sehen ist. Mit einem sauberen Küchenhandtuch abgedeckt 10 Minuten gehen lassen.

Einen Teil der Arbeitsfläche einölen und ein bisschen Öl in den Händen verreiben. Den Teig auf die Arbeitsfläche geben, den Rest aus der Schüssel herauskratzen, diese dann innen ganz leicht mit Öl einreiben und beiseitestellen.

Den Teig 10 Sekunden lang ganz sanft kneten – einmal vorsichtig ziehen und schieben entspricht 1 Sekunde. Fassen Sie den Teig mit Samthandschuhen an, er mag eine umsichtige Handhabung. Anschließend zurück in die Schüssel legen, wieder zudecken und weitere 10 Minuten gehen lassen. Diesen Prozess insgesamt noch zwei Mal wiederholen, dann den Teig wieder zudecken und gehen lassen, bis er sein Volumen um 50 Prozent vergrößert hat. Abhängig von der Raumtemperatur dauert das etwa 1 Stunde. Sollte mehr Zeit nötig sein, kann der Teig problemlos 4–6 Stunden im Kühlschrank aufbewahrt werden. Eine Stunde vor dem Formen aus dem Kühlschrank nehmen und auf Raumtemperatur erwärmen lassen.

Nun geht es mit der Saucenherstellung und der Organisation der Ausrüstung weiter.

DREI PIZZASAUCEN ...

Als Pizzasauce greife ich stets auf eine von zwei Tomatensaucen zurück: Für die erste verwende ich einen Tetrapak passierte Tomaten, für die zweite werden frische Tomaten im Ofen geschmort.

Bei der zweiten Version wird die Sauce wesentlich heller als bei der ersten, aber was ihr an Farbe fehlt, macht sie durch Geschmack allemal wett (ich koche sie aber nur, wenn Tomaten preiswert und reichlich vorhanden sind). Beide Saucen müssen vor der Verwendung abkühlen, deshalb koche ich sie meist, während der Teig geht, manchmal aber auch bereits an einem anderen Tag. Im Kühlschrank halten sie sich 4–5 Tage, im Gefrierschrank sogar 3 Monate. Im Zweifelsfall können Sie auch einfach nur etwas passierte Tomaten auf den Teig geben und das Ganze mit einer Prise Salz und Pfeffer würzen.

Beide Tomatensaucen reichen für 8 große Pizzen, denn Sie benötigen jeweils nur 1 EL pro Pizza.

SCHNELLE TOMATENSAUCE

500 g passierte Tomaten
1 Knoblauchzehe, zerdrückt
1 Prise getrockneter Oregano
1 EL Olivenöl
1 TL Zucker
Salz und frisch gemahlener schwarzer Pfeffer

Alle Zutaten in einen kleinen Topf mit schwerem Boden geben und auf dem Herd aufkochen. Anschließend die Hitze reduzieren und die Sauce 20 Minuten sanft köcheln lassen, bis sie dick und aromatisch ist. In eine Schüssel geben und vollständig abkühlen lassen.

TOMATENSAUCE AUS GESCHMORTEN TOMATEN

200–220 °C

750 g reife Tomaten, gewürfelt
3 Knoblauchzehen, geschält, im Ganzen
3 EL Olivenöl
einige Zweige frischer Oregano oder Majoran, die Blätter abgezupft (oder 1 TL getrocknete Kräuter)
Salz und frisch gemahlener schwarzer Pfeffer

Für dieses Rezept muss der Ofen eine Temperatur von 200–220 °C haben, das heißt, er kann z. B. beim Aufheizen für die Pizza genutzt werden (oder es wird „geschummelt" und die Sauce im Elektroofen zubereitet, falls sich bereits anderes Gemüse im Holzofen befindet).
Die Tomaten eng nebeneinander in einen Bräter legen – liegen sie zu weit auseinander, werden sie zu dunkel. Den Knoblauch hinzugeben, mit dem Öl beträufeln und anschließend die Kräuter sowie Salz und Pfeffer darüberstreuen.
Den Bräter in den heißen Ofen schieben und 30–40 Minuten schmoren, dabei einige Male umrühren, damit die Tomaten gleichmäßig garen. Sollte das Gemüse zu dunkel werden, den Bräter an einen kühleren Ort im Ofen schieben oder die Garzeit etwas verkürzen. Idealerweise sollten die Tomaten zusammenfallen und ein wenig Farbe annehmen. Der austretende Tomatensaft sollte leicht eindicken.
Die fertigen Tomaten im Mixer oder in der Küchenmaschine glatt pürieren, in eine Schüssel geben und vollständig abkühlen lassen. Wird die Sauce im Voraus zubereitet, bis zur Verwendung kalt stellen. Muss es hingegen ganz schnell gehen, die Sauce in eine breite, flache Schale gießen, damit sie schneller abkühlt.

UND EINE WEISSE PIZZASAUCE

Falls Sie keine Tomatensauce mögen oder einfach einmal Lust auf etwas anderes haben, sollten Sie diese simple, cremige, knoblauchlastige weiße Pizzasauce ausprobieren. Ich liebe sie und sie schmeckt besonders gut in Kombination mit Meeresfrüchten oder Kapern. Sollten Sie noch gebratenen Knoblauch (siehe S. 37) übrig haben, können Sie diesen anstelle des rohen Knoblauchs verwenden. Das intensiviert den Geschmack.

GENUG FÜR ETWA 4 PIZZEN (LÄSST SICH LEICHT VERDOPPELN)

250 g Mascarpone
25 g Parmesan, gerieben
1 Knoblauchzehe, zerdrückt
Salz und frisch gemahlener schwarzer Pfeffer

Alle Zutaten in einer Schüssel verrühren und 2–3 EL heißes Wasser unterheben, damit die Sauce streichfähiger wird.

ZURÜCK ZUM TEIG – DAS ENTSCHEIDENDE ZWEITE GEHEN

Eine gute Stunde, bevor die Pizzen in den Ofen kommen, müssen Sie den Teig zu Kugeln formen; ich mache das immer unmittelbar, bevor ich das Feuer entzünde. Ich weiß, dass mein Ofen eine gute Stunde braucht, um die sehr heiße Pizzatemperatur zu erreichen und praktischerweise braucht der Teig für das zweite Aufgehen etwa genauso lange.

Da Ihr Ofen mehr oder weniger Zeit zum Aufheizen benötigen wird, müssen Sie Ihr Timing entsprechend anpassen – siehe unten bzw. die Einführung für Hinweise zum Feuer.

Das Handtuch von der Schüssel nehmen und reichlich Mehl auf die Arbeitsfläche (sowie ein bisschen in die Hände und über ein scharfes Messer oder ein Teigmesser) geben. Zwei große Backbleche großzügig mit Mehl bestreuen und beiseitestellen. Den Teig nun vorsichtig aus der Schüssel holen. Er soll quasi sanft herausgleiten (die Oberseite muss oben bleiben), damit nicht alle Blasen kaputtgehen. Vorsichtig ein Viereck daraus formen und dieses dann halbieren. Aus den Teilen wieder Vierecke formen und diese halbieren. Das Ganze solange wiederholen, bis am Ende 8 gleich große Stücke übrig sind. Den Teig die ganze Zeit schonend in Form bringen, anstatt ihn zu kneten, grob zu ziehen oder umzudrehen.

Ein Teigstück in die bemehlten Hände nehmen und sanft eine Kugel daraus formen. Den Teig dazu ständig drehen und vorsichtig nach unten ziehen, bis sich eine feste Kugel ohne Falten oder Nähte gebildet hat. Die Kugel mit Mehl bestreuen und auf ein Backblech legen. Das Ganze mit den anderen 7 Teigstücken wiederholen. Die Kugeln auf den Blechen gleichmäßig verteilen, sodass sie beim Aufgehen nicht aneinander kleben.

Den Teig nun etwa 1 Stunde gehen lassen und in der Zwischenzeit den Ofen anheizen. Die vorbereiteten Teigkugeln können auf den Backblechen ruhig einige Stunden im Kühlschrank stehen (sie nehmen aber reichlich Platz weg). Wurde der Teig gekühlt, muss er vor dem Formen der Böden etwa 45 Minuten aufgewärmt werden. Kalter Teig ist ziemlich bockig, nicht sehr elastisch und federt eher zurück, als dass er sich formen lässt.

PIZZAAUSRÜSTUNG

Neben der allgemeinen Ausrüstung benötigen Sie für die Zubereitung von Pizza noch einige spezielle Geräte, die Sie am Feuer zur Hand haben sollten:

- Eine Holzschaufel zum „Zusammensetzen" der rohen Pizza und Hineinschieben in den Ofen.
- Eine Metallschaufel zum Herausnehmen der Pizza.
- Schneidebretter oder Backbleche zum Transport der fertigen Pizzen zum Esstisch.
- Etwas zum Schneiden der fertigen Pizza – ein Pizzaschneider ist natürlich die offensichtliche Wahl, ich finde eine scharfe Küchenschere aber viel praktischer.
- Wird die Pizza auf dem blanken Ofenboden gebacken, ein Kupferrohr zum Wegpusten der Asche, bevor die Pizza hineingelegt wird (siehe S. 12).

ENTZÜNDEN EINES PIZZAFEUERS

Sobald die Teigkugeln geformt sind und erneut gehen, wird es Zeit draußen das Feuer anzuzünden. Das ist der Teil, der mir am meisten Spaß macht. Haben Sie ihn erst einmal gemeistert, werden Sie merken, wie sehr die Arbeit mit Feuer süchtig machen kann! Auf das Entzünden des Feuers bin ich ja in der Einführung bereits recht ausführlich eingegangen, aber da für eine gute Pizza wirklich starke Hitze erforderlich ist, möchte ich hier einige Punkte noch einmal vertiefen:

- **Die ideale Temperatur** zum Pizzabacken liegt bei unglaublichen 350–400 °C, viel heißer also, als es der normale Küchenofen kann. Nutzen Sie Ihr Infrarotthermometer, zur regelmäßigen Überprüfung der Temperatur am Boden und unter der Decke. Haben Sie Geduld und warten Sie ab, bis der Ofen wirklich heiß genug ist – die Pizza vorher hineinzulegen ist völlig sinnlos.

- **Sie sollten Ihren Ofen** genau kennenlernen, denn er unterscheidet sich natürlich von meinem. Achten Sie darauf, wie er auf Hitze reagiert und wie er sich verhält, wenn Sie ihn lange nicht genutzt haben und es kalt und feucht ist (mein Ofen sträubt sich dann gerne etwas). Nutzen Sie Ihren Ofen so oft wie möglich, damit Sie mit ihm vertraut werden und seien Sie auch bereit, aus Fehlern zu lernen. Notieren Sie sich aber auch, was Sie genau getan haben, wenn etwas besonders gut funktioniert hat.

- **Ich zünde mein Feuer** immer von oben nach unten an (siehe S. 9), eine Methode, die ich Ihnen wärmstens empfehlen kann. Ein Anzünder, ein Streichholz und die nächste Stunde können Sie das Feuer ganz sich selbst überlassen. Es ist so einfach, Sie müssen sich um nichts weiter kümmern.

- **Für Pizza brauchen Sie** starke Hitze von unten, damit der Teig rasch knusprig wird. Schieben Sie das Feuer dazu mit der Metallschaufel einige Male im Ofen umher, damit die Steinbasis die Energie des Feuers gleichmäßig absorbieren kann.

- **Sie benötigen aber auch** eine starke Strahlungshitze von oben, damit der Käse schmilzt und der Rand schön knusprig wird. Ihr Ausgangsfeuer muss also so hoch sein, dass die Flammen bis an die Decke schlagen und diese aufheizen.

- **Achten Sie darauf,** dass das Feuer sehr heiß bleibt – Sie brauchen lebhafte Flammen, die bis unter das Dach des Ofens schlagen, deshalb sollten Sie stets viele kleine Holzscheite (6–8 cm Durchmesser) zur Hand haben, damit Sie das Feuer nach je 2–3 Pizzen wieder intensivieren können. Seien Sie vorsichtshalber darauf gefasst, das Pizzabacken für einige Zeit einzustellen, bis das Feuer wieder eine optimale Temperatur erreicht hat. Lassen Sie sich niemals auf einen Kampf mit einem zu kühlen Ofen ein. Wie oft Sie Holz nachlegen müssen, hängt ganz von Ihrem Ofen ab, das heißt, wie schnell er Hitze abgibt, wie gut er isoliert ist usw., was alles wieder darauf zurückgeht, dass Sie Ihren Ofen gut kennen müssen.

- **Wählen Sie Ihren Brennstoff sorgsam aus** – durch die sehr geringe Restfeuchte von im Meiler getrocknetem Holz und Sägespänebriketts entwickeln beide eine große Hitze. Ich habe dabei z. B. gelernt, dass mein Ofen am besten funktioniert, wenn ich ihn mit einer Mischung daraus befeuere.

ORGANISATION DER ZUTATEN

Sobald das Feuer entzündet ist, sollten Sie sich Gedanken darüber machen, mit was Sie Ihre Pizzen belegen wollen. Das ist natürlich eine persönliche Geschmackssache und Sie können machen, was Sie wollen, aber wie beim Teig setze ich auch hier eher auf traditionelle Zutaten mit italienischen Wurzeln. Ich gebe offen zu, Hähnchen-Tikka oder Tex-Mex-Pizza werden Sie in meinem Ofen nicht finden, aber wenn es Ihnen zusagt, dann toben Sie sich ruhig aus! Schließlich ist es Ihr Abendessen.

Ob Sie aber traditionelle Zutaten bevorzugen oder ganz auf die World-Fusion-Küche setzen – überladen Sie Ihre Pizza nicht. Am Ende haben Sie sonst eine unappetitliche matschige Masse auf dem Teller. Jeder Bissen sollte eine intensive Geschmacksexplosion sein. Das ist z. B. ein Grund, warum man Oliven, Kapern und Sardellen auf vielen Pizzen findet – was den Geschmack angeht, machen die kleinen Happen viel her. In der zweiten Hälfte dieses Kapitels erhalten Sie viele Ideen für die unterschiedlichsten Kombinationen, hier sind aber erst einmal einige wichtige Grundzutaten:

- **Käse** – hier ist Mozzarella natürlich das Maß aller Dinge und das aus gutem Grund: Er schmilzt so wunderbar. Sie sollten aber in eine gute Sorte investieren, anstatt den bereits geriebenen faden Gummikäse zu kaufen. Lassen Sie die Kugeln gut abtropfen und dann auf einem Küchentuch kurz antrocknen. Anschließend schneiden Sie den Käse in Stücke. Sie sollten mit ½–¾ Kugel Mozzarella pro Pizza rechnen.

- **Noch mehr Käse** – viele andere kräftige Käsesorten schmecken hervorragend auf Pizza. Blauschimmelkäse wie Gorgonzola oder Dolcelatte schmelzen sehr schön, genauso wie Fontina oder ein nussiger Emmentaler. Auch eine kräftige Prise Parmesan, kurz vor oder nach dem Backen über die Pizza gerieben, verleiht dem Ganzen einen ordentlichen Umami-Kick, der meist sehr gut ankommt.

- **Gemüse** – die meisten meiner Lieblingspizzen befinden sich eher im vegetarischen Bereich. Vielen Gemüsesorten bekommt es aber gut, wenn sie zunächst gegart werden. Würden Sie z. B. rohe Paprika oder Aubergine auf die Pizza legen, wäre der Boden durchgebacken, lange bevor das Gemüse weich ist. Zudem bekommt neutrales Gemüse wie Zucchini durch das Braten noch ein wenig extra Geschmack. Wollen Sie Ihre Pizza mit gebratenem Gemüse belegen, sollten Sie dafür die ansteigende Hitze des Ofens nutzen.

- **Fleisch** – häufig verwende ich gar kein Fleisch, aber wenn doch, dann sind es meist Wurstwaren wie Fenchel- oder Pepperoni-Salami, 'Nduja oder kräftig gewürzte Würste. Hühnchen ist mir zu fade und unhandlich auf einer Pizza. Es polstert das Ganze eher auf, als dass es etwas zum Geschmack beiträgt.

- **Fisch und Meeresfrüchte** – Thunfisch schmeckt fantastisch auf Pizza, aber auch hier sollten Sie wieder qualitativ hochwertige Ware kaufen. Verwenden Sie lieber nur 3–4 großzügige Stücke Weißer Thun als eine ganze Dose wässriger Thunfischbrocken. Garnelen verleihen der Pizza ein wunderbar subtiles Meeresaroma und garen noch dazu sehr rasch. Ein weiterer großartiger Geschmacksträger sind Sardellen, wenn man sie mag.

- **Alles würzen** – ob Sie Gemüse braten, Zwiebeln karamellisieren oder Purple Sprouting Brokkoli blanchieren, würzen Sie alle einzelnen Zutaten, mit denen Sie später Ihre Pizza belegen wollen.

- **Kräuter** – ein wenig frisches Basilikum auf der fertig gebackenen Pizza hebt den Geschmack sofort in neue Sphären, während erdige Kräuter geschmortes Gemüse intensiv aromatisieren.

  Karamellisieren Sie einmal Zwiebeln mit etwas grob gehacktem Rosmarin oder braten Sie Zucchiniwürfel mit einigen Thymianzweigen an.

ZUSAMMENSTELLEN DER PIZZEN

Der Teig ist ein zweites Mal gegangen, das Feuer flackert fröhlich vor sich hin, Ausrüstung und Zutaten liegen bereit. Nun wird es Zeit, die Pizzen zusammenzustellen, mit dem Wissen, dass sie bereits in wenigen Minuten essfertig auf dem Teller liegen werden und sich die ganze harte Arbeit gelohnt hat.

FORMEN DES TEIGES

Wir wollen nun aus den Teigkugeln Pizzaböden formen; dabei müssen Sie zwei Dinge beachten. Widerstehen Sie der Versuchung, zum Nudelholz zu greifen – für diese Arbeit sind Ihre Hände das beste Werkzeug. Wenn Sie den Teig ausrollen, pressen Sie dabei nur die ganzen Luftbläschen hinaus, welche die Hefe so mühsam produziert hat. Vergessen Sie außerdem die Bilder der wild Pizzateig schwingenden italienischen Pizzabäcker, denn den Trick überlassen Sie am besten den Filmemachern.

Das eigentliche Formen des Teiges ist nicht schwierig, es ist jedoch recht schwierig zu erklären. Im Internet finden Sie dazu viele gute Videos, falls Sie sich das Ganze erst einmal ansehen wollen, bevor Sie es selbst probieren. Wie bei allem macht auch hier die Übung den Meister. Meine erste Holzofenpizza war sicherlich einige Zentimeter dicker, als ich es geplant hatte, aber sie ließ sich gut backen und schmeckte prima – zumindest hat sich niemand beschwert. Beim nächsten Mal war es schon besser und beim dritten Mal noch besser usw. Heute geht es mir ganz leicht von der Hand. Falls Sie zunächst Schwierigkeiten haben, glauben Sie fest daran, dass es beim nächsten Mal besser wird. Und denken Sie stets an eines: Pizza schmeckt in jeder Form und Größe fantastisch.

Na dann wollen wir mal:

❶ Einen großzügigen Teil der Arbeitsfläche sowie die Hände leicht mit Mehl bestreuen. Eine Teigkugel auf die Arbeitsfläche legen und mit bemehlten Fingerspitzen vorsichtig zu einer runden Scheibe drücken, die aussieht, als hätte sie Grübchen. Anschließend den Teig von der Mitte ausgehend langsam auseinanderziehen (der Rand soll etwas dicker bleiben). Die Scheibe dabei immer wieder auf der Arbeitsfläche drehen, damit sie so rund wie möglich bleibt.

❷ Sobald eine Scheibe mit etwa 20 cm Durchmesser entstanden ist, die Oberseite der Hände mit Mehl bestreuen, diese vorsichtig unter den Teig schieben und einige Zentimeter anheben. Nun den Teig drehen, indem die Händen von der Mitte nach außen gleiten. Die Schwerkraft tut dabei Ihren Teil, in dem sie den überhängenden Teig leicht nach unten zieht. Wird der Teig an einer Stelle zu dünn, zu einer dickeren Stelle weiter wandern. Erst aufhören, wenn der ganze Teig (außer am Rand, daran kann man die Pizza dann gut festhalten) nur noch wenige Millimeter dick ist.

❸ Lässt sich der Teig nicht gut dehnen sondern federt zurück, einfach einige Minuten abwarten. Die Geduld, dem Teig die Zeit zu geben, sich ein bisschen weiter zu entspannen, macht hinterher den Unterschied zwischen einer dicken, teigigen Basis und einem perfekt dünnen, knusprigen Boden aus. In der Zwischenzeit einfach mit einer anderen Teigkugel weitermachen.

BELEGEN DER PIZZEN

❶ Den Pizzaboden auf die bemehlte Holzschaufel legen. Hier wird nun auch die Pizza belegt – geschieht dies auf der Arbeitsfläche, fällt beim Transport in den Ofen oft die Hälfte des Belages wieder herunter. Idealerweise kommen deshalb zwei oder drei Holzschaufeln zum Einsatz, sodass die Pizzen in rascher Abfolge gebacken werden können. Sehr einfach geht das auch mit Alufolie (siehe unten).

❷ Einen guten Esslöffel Sauce auf der Pizza verstreichen, den Rand aber frei lassen. Anschließend die Zutaten der Wahl darauf verteilen (Zurückhaltung ist das Stichwort!). Wie wäre es noch mit ein bisschen extra Würze, z. B. in Form von Meersalzflocken, frisch gemahlenem schwarzen Pfeffer und ein wenig Olivenöl?

❸ Sobald die Pizza fertig belegt ist, so rasch wie möglich in den Ofen schieben. Schon nach wenigen Minuten könnte sie an der Holzschaufel kleben bleiben und dann wird es hässlich. Das Belegen und in den Ofen schieben sollte in weniger als 60 Sekunden geschehen.

Die Pizza bei einer extremen Temperatur von 350–400 °C in den Ofen zu schieben, das braucht Übung und Selbstbewusstsein. Die Schaufel anheben und auf die Hälfte der Strecke zwischen der Tür und dem Feuer schieben. Dann die Schaufel rasch nach vorn schieben und im gleichen Atemzug wieder zurückziehen. Die Pizza rutscht herunter und bleibt vor, nicht im, Feuer liegen. Stellen Sie sich das so vor, als würden Sie ein Tischtuch vom gedeckten Tisch ziehen wollen! Ich nenne den ganzen Vorgang liebevoll „die Pizza in den Ofen schubsen" – ich hoffe das ergibt auch Sinn für Sie.

SCHUMMELN BEIM PIZZABACKEN FÜR VIELE LEUTE

In der Welt der wahren Pizzakünstler wird Pizza stets auf dem nackten Boden des Holzofens gebacken.
Ich bin ja immer für Authentizität zu haben; noch wichtiger ist es mir aber, den Job zu erledigen. Wenn die Leute bei Ihnen Schlange stehen und auf ihre Pizza warten, können Sie nur darauf achten, dass die Pizzen so schnell wie möglich fertig werden, ohne sie anbrennen zu lassen. In diesen Fällen sollten Sie sich das Leben ein wenig leichter machen.

Die Lösung ist Alufolie. Schneiden Sie einige Stücke in Pizzagröße zurecht und stellen Sie die Pizzen darauf zusammen. Bevor Sie den Pizzateig darauf legen, sollten Sie die Folie aber mit etwas Mehl bestreuen. Anschließend schieben Sie mit der Metallschaufel die Pizza auf der Folie in den Ofen. Nach etwa 1 Minute ist der Teig fest, Sie können die Pizza wieder herausholen, die Folie entfernen und die Pizza im Ofen fertig backen. Das Folienstück können Sie dann wiederverwenden.

Ich finde den Folientrick äußerst wertvoll, wenn man Kinder hat, die ihre eigenen Pizzen backen wollen. Viele Kinder (damit meine ich dich, meine herzallerliebste Tochter!) finden es unglaublich schwer, sich zurückzuhalten, wenn vor Ihnen Schüsseln mit Sauce, Käse, Salami, Oliven usw. stehen. Am Ende gibt es meist ein großes Chaos und Tränen, wenn die Pizza festklebt. Mit der Folie kann das nicht passieren, und die Kinder können sich nach Belieben austoben. Ich bin ja für alles, was die Liebe zum Kochen weckt, und wenn das ohne enttäuschende Rückschläge funktioniert, umso besser.

BACKEN IHRER PIZZEN

Mein Pizzaofen ist angeblich groß genug, dass ich zwei Pizzen auf einmal darin backen kann. Mit einem Innendurchmesser von 75 cm sollte das theoretisch möglich sein, praktisch ist es aber eine echte Herausforderung. Durch die Flammen und die intensive Strahlungshitze muss ich extrem wachsam sein und die Pizza alle 30 Sekunden um 90 Grad drehen, sonst verbrennt sie auf der einen Seite und bleibt auf der anderen roh. Damit ich das effizient erledigen kann, brauche ich Platz zum Manövrieren und mit einer zweiten Pizza im Ofen wird das ganz schön eng. Am Ende stehe ich mit zwei verbrannten Pizzen da. Besser Sie garen jeweils nur eine Pizza und konzentrieren sich darauf, dass sie so gut wie möglich wird, als dass Sie am Ende vom Ergebnis enttäuscht sind.

Zum Drehen der Pizza die Metallschaufel unter ein Viertel der Pizza schieben – als Rechtshänder ist das das vordere Viertel, das der rechten Hand am nächsten ist – und die Pizza mit einer raschen Bewegung um ein Viertel nach links drehen. Das Ganze alle 30 Sekunden wiederholen, bis alle vier Viertel der Pizza gar sind. Die Häufigkeit der Drehungen an die Hitze des Feuers anpassen.

Ich will ehrlich sein, das Ganze zu meistern ist nicht einfach, aber im Laufe der Zeit hat man dann den Bogen heraus, im wahrsten Sinne des Wortes.

MEINE LIEBLINGSZUTATEN

Eigentlich möchte ich Ihnen keine festen Anweisungen für spezifische Pizzarezepte geben, deshalb biete ich Ihnen auf den folgenden Seiten einige interessante Anregungen.

Beim Belegen einer Pizza ist, wie bereits erwähnt, weniger definitiv mehr. Lassen Sie sich nicht dazu hinreißen, den Boden zu überladen. Jeder Bissen sollte etwas Schmackhaftes bieten, aber nicht alles gleichzeitig enthalten. Aus diesem Grund ist es übrigens so wichtig, alle Zutaten separat zu würzen während Sie diese zubereiten. Genauso wichtig ist es, die Pizza zum Abschluss mit etwas Olivenöl zu beträufeln, bevor sie in den Ofen kommt.

12 PIZZEN AUF TOMATENBASIS

SARDELLEN, KNOBLAUCH, OREGANO & MOZZARELLA

Eine Handvoll Sardellenfilets auf der Tomatensauce verteilen. Anschließend eine fein gehackte Knoblauchzehe und etwas Oregano – frisch oder getrocknet – darüberstreuen. Zu guter Letzt einige Stücke Mozzarella auf der Pizza verteilen. Nach Geschmack eine Prise Chiliflocken dazugeben, alles mit Salz und Pfeffer würzen und unmittelbar vor dem Backen mit etwas Olivenöl beträufeln.

GEBRATENER FENCHEL, ZIEGENQUARK, THYMIAN & CHILI

Das Braten intensiviert den Fenchelgeschmack, der hervorragend zu cremigem Ziegenquark passt. Nach Geschmack einen anderen cremigen Käse verwenden, z. B. Burrata oder Gorgonzola.

Einige Fenchelspalten auf der Tomatensauce verteilen. Darauf etwa 75 g Ziegenquark geben und das Ganze mit frischen Thymianblättern und einer Prise Chiliflocken bestreuen. Mit etwas Salz und Pfeffer würzen und unmittelbar vor dem Backen mit etwas Olivenöl beträufeln.

FÜR DEN GEBRATENEN FENCHEL: Die dünn geschnittenen Fenchelspalten auf einem Backblech verteilen, mit etwas Öl beträufeln und mit Salz, Pfeffer sowie einer Prise Chiliflocken würzen. Im heißen Ofen 20–25 Minuten braten, bis sie weich und leicht karamellisiert sind.

’NDUJA, RUCOLA & RICOTTA

’Nduja ist eine Art würziger, sehr pikanter Salamiaufstrich. Er macht geradezu süchtig und passt großartig zu Pizza, wo er zu einem sagenhaften Schärfekick zerschmilzt. Der Aufstrich passt zu vielen beliebten Pizzazutaten, deswegen sollten Sie ruhig etwas experimentieren. ’Nduja finden Sie online und in vielen gut sortierten Supermärkten.

Etwas Tomatensauce auf den Pizzaboden streichen und dann 30–40 g ’Nduja klecksweise darauf verteilen. Ganz normal im Ofen backen. Anschließend einige Teelöffel Ricotta sowie eine Handvoll Rucola auf der dampfend heißen Pizza verteilen, etwas extra-vergines Olivenöl darüberträufeln und das Ganze mit einer Prise frisch gemahlenem schwarzen Pfeffer würzen. Sofort essen, bevor der Rucola welk wird.

OFENGETROCKNETE TOMATEN, SPINAT, EI, MOZZARELLA & PARMESAN

Ich liebe Ei auf meiner Pizza und lange Zeit über war die Fiorentina meine Pizza der Wahl in einem bekannten Pizzarestaurant. Nun da ich meine eigenen Pizzen im Holzofen backe, ist es immer noch eine meiner liebsten Kombinationen.

Etwas Tomatensauce auf dem Pizzaboden verstreichen und dann um den Rand herum einige Löffel gewürzten Spinat verteilen, quasi als Wand, damit das Ei nicht zerläuft. Nun 4–5 ofengetrocknete Tomatenhälften darauf geben (siehe S. 182) bzw. halbgetrocknete Tomaten aus dem Supermarkt verwenden, zusammen mit einigen Stücken Mozzarella. Unmittelbar bevor die Pizza in den Ofen kommt, ein Ei in die Mitte schlagen und mit Salz und Pfeffer würzen. Die Pizza in den Ofen schieben. Sobald sie gar ist, etwas Parmesanspäne darüber hobeln.

FÜR DEN SPINAT: Einige Handvoll Spinat pro Pizza waschen, gut abschütteln und in einen Topf geben. Den Topf zudecken und den Spinat einige Minuten bei mittlerer bis niedriger Hitze zusammenfallen lassen. Anschließend in ein Sieb geben, etwas abkühlen lassen und dann kräftig das restliche Wasser ausdrücken. In eine Schüssel geben und mit Olivenöl, Salz und Pfeffer verrühren.

GEGRILLTE AUBERGINE, SCHWARZE OLIVEN, MOZZARELLA & PARMESAN

Den Pizzaboden mit etwas Tomatensauce bestreichen und einige Stücke Mozzarella darauf verteilen. Dann 3–4 Stücke gegrillte Aubergine dazugeben. Einige schwarze Oliven darüber streuen und die Pizza dann mit etwas Olivenöl beträufeln und in den Ofen schieben. Vor dem Servieren mit reichlich gehobeltem Parmesan bestreuen.

FÜR DIE GEGRILLTE AUBERGINE: Eine Aubergine in 5–6 mm dicke Scheiben schneiden und auf einem Backblech verteilen. Großzügig mit etwa 2 EL Olivenöl beträufeln und mit Salz und Pfeffer würzen. Anschließend 15–20 Minuten braten, dabei zur Halbzeit einmal wenden, bis die Scheiben weich und an einigen Stellen leicht geschwärzt sind. Eine mittelgroße Aubergine reicht für 2 Pizzen.

SALAMI, DOLCELATTE, KAPERN & SCHWARZE OLIVEN

Salami ist in unserem Haushalt immer ein Favorit. In Kombination mit Blauschimmelkäse, salzigen Kapern und Oliven ergibt sie einen äußerst intensiven, köstlichen Pizzabelag.

Einen Pizzaboden mit etwas Tomatensauce bestreichen. Anschließend 8–10 Scheiben scharfe Salami und 4–5 Stücke (ca. 75 g) Dolcelatte darauf verteilen. Einen oder zwei Teelöffel Kapern und einige schwarze Oliven darübergeben, die Pizza mit etwas Olivenöl beträufeln und dann in den Ofen schieben.

GEBRATENE PAPRIKA, KIRSCHTOMATEN, ARTISCHOCKEN, KNOBLAUCH & MOZZARELLA

Einen Pizzaboden mit etwas Tomatensauce bestreichen. Anschließend einige gebratene Paprikastreifen, Kirschtomaten und marinierte Artischocken aus dem Glas darauf verteilen. Mit einer fein geschnittenen Knoblauchzehe bestreuen und einige Stücke Mozzarella darauf geben. Die Pizza dann mit etwas Olivenöl beträufeln, mit Salz und Pfeffer würzen und in den Ofen schieben.

FÜR DIE GEBRATENE PAPRIKA: Eine große Paprikaschote putzen und in 1 cm breite Streifen schneiden. In einen Bräter legen, mit Olivenöl beträufeln und mit Salz und Pfeffer bestreuen. Das Ganze 15–20 Minuten braten, dabei zwei Mal umrühren, damit das Gemüse gleichmäßig gart. Eine große Paprikaschote reicht für einige Pizzen.

FÜR DIE GEBRATENEN KIRSCHTOMATEN: Einige Kirschtomaten mitsamt den Stielen in einen Bräter geben und mit etwas Olivenöl beträufeln. Anschließend mit Salz und Pfeffer würzen und 15–20 Minuten braten. Pro Pizza werden ca. 5 Tomaten benötigt, ggf. weniger, wenn sie mit anderem Gemüse kombiniert werden.

SPECK, GEBRATENER KNOBLAUCH, BURRATA & BASILIKUM

Burrata ist ein sehr mächtiger, cremiger, mozzarellaartiger Käse, den man am besten erst nach dem Backen verwendet, da er recht flüssig ist und aus der Pizza eine matschige Masse machen würde.

Einen Pizzaboden mit etwas Tomatensauce bestreichen und 2–3 Scheiben mageren Speck (oder auch Prosciutto) darauf verteilen. Einige Kleckse des öligen, gebratenen Knoblauchs obenauf geben und mit reichlich Pfeffer würzen. Anschließend mit Olivenöl beträufeln und in den Ofen schieben. Sobald die Pizza aus dem Ofen kommt, einige Stücke cremigen Burrata sowie eine großzügige Handvoll grob gehackter Basilikumblätter darauf verteilen. Auch ein weiterer Schuss Olivenöl macht sich hier gut.

FÜR DEN GEBRATENEN KNOBLAUCH: Eine ganze, große Knoblauchknolle in einen kleinen Bräter oder auf einen Metallteller legen und 25–30 Minuten braten. Dabei regelmäßig drehen, damit die Knolle gleichmäßig gart.
Die Schale sollte an einigen Stellen geschwärzt sein und die Knolle sollte sich sehr weich anfühlen, wenn man sie drückt. Etwas abkühlen lassen und dann den Knoblauch herausdrücken und auf den Pizzen verteilen.

KNOBLAUCHCHAMPIGNONS, GERÄUCHERTE PANCETTA & MOZZARELLA

Einen Pizzaboden mit etwas Tomatensauce bestreichen und eine Handvoll Knoblauchchampignons darauf verteilen. Etwa 40 g Pancettawürfel darüber geben – roh ist in Ordnung, sie werden sehr schnell knusprig. Anschließend etwas Mozzarella obenauf geben und alles mit Salz und reichlich Pfeffer würzen. Die Pizza nun mit Olivenöl beträufeln und in den Ofen schieben.

FÜR DIE KNOBLAUCHCHAMPIGNONS: Etwa 250 g Champignons (ausreichend für 2–3 Pizzen) in kleine, mundgerechte Stücke zupfen und auf einem Backblech verteilen. Anschließend einige fein gehackte Knoblauchzehen darüberstreuen, einige Butterwürfel (ca. 25 g) auf den Pilzen verteilen und alles mit Olivenöl beträufeln. Kräftig mit Salz und Pfeffer würzen. Nach Geschmack ein paar Thymianzweige hinzufügen. Im heißen Ofen 10 Minuten braten, dabei zur Halbzeit einmal umrühren.

GEWÜRZTES HACKFLEISCH, EINGELEGTE ROTE ZWIEBEL, KORIANDER & TAHINI-DRESSING

Dies ist eine Pizza ohne Käse, die vom Lahmacun inspiriert wurde, einem köstlichen türkischen Fladenbrot mit gewürztem Hackfleisch. Falls es unbedingt Käse sein muss, können Sie vor dem Backen etwas Feta über die Pizza streuen.

Den Belag einige Stunden vor dem Backen der Pizza zubereiten. Dafür 100 g Rinder- oder Lammhackfleisch mit einer zerdrückten Knoblauchzehe, einer kräftigen Prise Chiliflocken, gemahlenem Piment und Kreuzkümmel sowie ein wenig gehackter glattblättriger Petersilie mischen. Großzügig mit Salz und Pfeffer würzen und bis zur Verwendung im Kühlschrank aufbewahren. Für das Tahini-Dressing 1 EL Tahini mit je 1 EL Zitronensaft und Naturjoghurt mischen und abschmecken. Eine rote Zwiebel in dünne Ringe schneiden, in eine kleine Schüssel legen, mit etwas Rotweinessig übergießen und beiseitestellen.

Zur Zubereitung einen Pizzaboden mit etwas Tomatensauce bestreichen und das gewürzte Fleisch darüberstreuen. Mit reichlich Olivenöl beträufeln, in den Ofen schieben und backen. Ist die Pizza gar, das Tahini-Dressing darüber- und die abgetropften Zwiebelringen obenauf geben. Nach Geschmack etwas gemahlenen Sumach, der dem Ganzen ein zitroniges Aroma verleiht, sowie glattblättrige Petersilie darüberstreuen.

„PURPLE SPROUTING“ BROKKOLI, CHIPOLATA & FONTINA

Fontina ist ein kräftiger Käse, der wunderbar schmilzt, deshalb wird er auch gerne im Käsefondue verwendet. Falls Sie keinen Fontina finden, können Sie auch einen reifen Emmentaler oder Gouda nehmen.

Zwei oder drei Stiele des Brokkolis abtrennen, in kochendem Salzwasser blanchieren und gut abtropfen lassen. Einige Chipolata-Würste (ich mag am liebsten italienischen Fenchel und Chili) in 2–3 cm lange Stücke schneiden und etwa 10 Minuten braten, bis sie knusprig werden (alternativ im Ofen braten, während dieser aufheizt). Einen Pizzaboden mit Tomatensauce bestreichen und den Brokkoli sowie die Wurststücke darauf verteilen. Einige Fontinawürfel (50–60 g) obenauf geben, das Ganze mit Salz und Pfeffer würzen, mit etwas Olivenöl beträufeln und in den Ofen schieben.

GEBRATENER KÜRBIS, PINIENKERNE, PESTO & PARMESANSPÄNE

1 Esslöffel Tomatensauce dünn auf dem Pizzaboden verteilen. Anschließend eine Handvoll gebratener Kürbiswürfel sowie Pinienkerne darüberstreuen. Mit Olivenöl beträufeln, mit einer kräftigen Prise frisch gemahlenem Pfeffer würzen und in den Ofen schieben. Sobald die Pizza gar ist, einige Kleckse Pesto obenauf geben und großzügig mit gehobeltem Parmesan bestreuen.

FÜR DEN GEBRATENEN KÜRBIS: Einen Butternutkürbis (oder eine andere Sorte) in 2 cm große Würfel schneiden (pro Pizza werden 100 g roher Kürbis benötigt) und in einem Bräter verteilen. Großzügig mit Olivenöl beträufeln und mit Salz und Pfeffer würzen. Nach Geschmack etwas geräucherte Paprika- oder Chiliflocken dazugeben. Etwa 30 Minuten braten, bis der Kürbis weich und an einigen Stellen leicht geschwärzt ist. Zur Hälfte der Garzeit einmal umrühren.

FÜR DAS PESTO: 50 g Pinienkerne bei mittlerer Hitze in einer kleinen Pfanne rösten. Sobald sie nussig riechen, in eine Küchenmaschine (oder einen Mixer) geben und fein mahlen. Einen großen Bund Basilikum mit Stängeln hinzu geben und stoßweise zerkleinern. Eine grob gehackte Knoblauchzehe, 25 g fein geriebenen Parmesan und 3 EL Olivenöl sowie 1 Spritzer Zitronensaft und reichlich Salz und Pfeffer dazugeben und alles glatt pürieren. Mit Frischhaltefolie zugedeckt im Kühlschrank aufbewahren.

4 PIZZA-IDEEN MIT WEISSER SAUCE

Falls Sie noch nie Pizza mit weißer Sauce probiert haben, sollten Sie das unbedingt nachholen (siehe S. 21), wenigstens einmal – wer weiß, vielleicht sind Sie ja ganz begeistert. Die cremige, knoblauchlastige weiße Sauce passt besonders gut zu Meeresfrüchten und salzigen, rauchigen Zutaten.

GESCHMORTER SPARGEL, GERÄUCHERTE PANCETTA & PARMESAN

Einen gehäuften Esslöffel weiße Sauce auf dem Pizzaboden verteilen und den geschmorten Spargel obenauf legen. Etwa 50 g geschnittenen, geräucherten Pancetta darüberstreuen. Nach Geschmack ein wenig Chiliflocken dazugeben und die Pizza dann in den Ofen schieben. Nach dem Backen etwas Parmesan darüberhobeln.

FÜR DEN GESCHMORTEN SPARGEL: Die holzigen Enden von einem Bund grünen Spargel abbrechen und den Rest gut waschen. Auf einem Backblech verteilen und mit Olivenöl beträufeln.

Den Spargel mit Salz und Pfeffer würzen und 12–15 Minuten schmoren, bis er gerade weich ist. Er reicht für etwa 3 Pizzen aus.

KARTOFFELN, KNOBLAUCH & ROSMARIN

Vielleicht kommt Ihnen das wie ein Kohlenhydrate-Overkill vor, aber Sie können mir vertrauen, Kartoffeln schmecken hervorragend auf Pizza, vor allem in Kombination mit Sahne und Knoblauch. Dies ist eine meiner Lieblingspizzen.

Etwas weiße Sauce auf den Pizzaboden streichen und die gekochten Kartoffelscheiben darauf verteilen. Mit Olivenöl beträufeln, einige Rosmarinnadeln darüberstreuen und die Pizza vor dem Backen kräftig mit Salz und frisch gemahlenem schwarzen Pfeffer würzen.

FÜR DIE KARTOFFELN: Drei neue Kartoffeln kräftig abbürsten und in dünne Scheiben (3–4 mm) schneiden. Mit einer Prise Salz in einem kleinen Topf etwa 5 Minuten weich kochen. Gut abtropfen lassen und beiseitestellen.

GARNELEN, GEGRILLTE ZUCCHINI & PESTO

Etwas weiße Sauce auf dem Pizzaboden verteilen und einige Scheiben gegrillte Zucchini darauf legen. Nun 5 rohe Garnelen am Rücken einritzen, sodass sie sich beim Backen leicht öffnen; keine Sorge, die rohen Garnelen sind im Handumdrehen gegart. Die Pizza mit etwas Olivenöl beträufeln, kräftig würzen und dann in den Ofen schieben. Vor dem Servieren einige kleine Löffel Pesto darauf verteilen.

FÜR DIE GEGRILLTEN ZUCCHINI: Einige Zucchini in 5–6 mm dicke Scheiben schneiden und in einem Bräter verteilen. Olivenöl darüberträufeln und kräftig mit Salz und Pfeffer würzen. Im heißen Ofen etwa 15 Minuten braten, bis sie weich sind. Eine Zucchini reicht für 1–2 Pizzen. Nach Geschmack vor dem Braten eine oder zwei gehackte Knoblauchzehen über die Zucchini geben.

FÜR DAS PESTO: Siehe Pizza mit gebratenem Kürbis, S. 38.

KARAMELLISIERTE ZWIEBELN, THUNFISCH & KAPERN

Im Idealfall würden Sie hier etwas mehr Geld in die Hand nehmen und guten Weißen Thun kaufen.

Einen gehäuften Esslöffel weiße Sauce auf den Pizzaboden streichen, dann einige Teelöffel karamellisierte Zwiebeln darauf verteilen. Etwa 75 g qualitativ hochwertigen Thunfisch obenauf geben und dann etwa 1 TL Kapern darüberstreuen. Vor dem Backen mit frisch gemahlenem schwarzen Pfeffer bestreuen und mit Olivenöl beträufeln. Vor dem Servieren gehackte glattblättrige Petersilie auf die Pizza streuen.

FÜR DIE KARAMELLISIERTEN ZWIEBELN: Zwei große Zwiebeln in dünne Scheiben schneiden und in einem Bräter verteilen. Mit 2 EL Olivenöl beträufeln und 25 g Butter (2 EL) darauf verteilen. Kräftig würzen und in den heißen Ofen schieben. Die Zwiebeln 25–30 Minuten braten, dabei regelmäßig umrühren und aufpassen, dass sie nicht verbrennen. Zwei große Zwiebeln reichen für 2–3 Pizzen.

4 SÜSSE PIZZA-IDEEN

Pizza als Dessert ist zwar sehr unüblich, es macht aber unheimlich viel Spaß sie zu backen und vor allem die Kleinen sind begeistert.

NUTELLA, HASELNUSS & MARSHMALLOWS

Eine klassische Kombination … und ein garantierter Erfolg bei Kindern. Geben Sie die Marshmallows erst nach der Hälfte der Backzeit auf die Pizza, damit sie nicht verbrennen.

Einen gehäuften Esslöffel Nutella in eine kleine Schüssel geben und mit einigen Tropfen kochendem Wasser verrühren, damit es richtig streichfähig wird. Einen Pizzaboden damit bestreichen und eine Handvoll gehackter Haselnüsse darauf verteilen. In den Ofen schieben und backen, bis die Pizza fast fertig ist, dann mit der Metallschaufel herausholen, die Marshmallows etwas zerrupfen, darauf verteilen und alles wieder in den Ofen schieben. Eine weitere Minute backen, bis die Marshmallows zu schmelzen beginnen.

APRIKOSEN, HIMBEEREN & WEISSE SCHOKOLADE

Ich verwende Dosenaprikosen im eigenen Saft, weil ich sie so liebe. Während der Saison können Sie natürlich auch frische Aprikosen nehmen; 1–2 reichen pro Pizza.

Einen gehäuften Esslöffel Mascarpone oder einen anderen Frischkäse in eine kleine Schüssel geben und mit so viel kochendem Wasser verrühren, dass er sehr streichfähig wird. Das Ganze auf einem Pizzaboden verteilen. Drei halbe Dosenaprikosen in je 3 Stücke schneiden und auf die Pizza legen. Eine ordentliche Handvoll Himbeeren darüberstreuen und das Ganze in den Ofen schieben.

Sobald die Pizza gar ist, einige Stücke weiße Schokolade darüberhobeln, sodass diese zu schmelzen beginnt.

WEIHNACHTS-CRANBERRYS, MINCEMEAT & ORANGE

Eine Weihnachtspizza, die sich hervorragend zum Aufbrauchen von Cranberrys und eines angefangenen Glases Mincemeat eignet. Mincemeat ist eine Mischung aus Gewürzen, Weinbrand und klein gehacktem Trockenobst, welches Online, in Feinkostläden und in englischen Shops zu erwerben ist.

Einen gehäuften Esslöffel Mascarpone oder einen anderen Frischkäse in eine kleine Schüssel geben und mit so viel kochendem Wasser verrühren, dass er sehr streichfähig wird. Einen Teelöffel Puderzucker zum Süßen unterrühren sowie etwas Orangenzesten. Die Mischung auf den Pizzaboden streichen und mit einer Handvoll frischer oder gefrorener Cranberrys bestreuen. Ein paar Teelöffel Mincemeat obenauf geben und in den Ofen schieben.

Vor dem Servieren mit etwas Puderzucker bestäuben und Orangenzesten darüberstreuen.

BRATAPFEL & KARAMELLSAUCE

Einen gehäuften Esslöffel Mascarpone oder einen anderen Frischkäse in eine kleine Schüssel geben und mit so viel kochendem Wasser verrühren, dass er sehr streichfähig wird. Auf den Pizzaboden streichen. Eine Handvoll Bratapfelspalten darauf verteilen und einige Löffel Karamellsauce oder Dulce de Leche obenauf geben. Zum Backen in den Ofen schieben.

FÜR DIE BRATÄPFEL: Die Ober- und Unterseite eines Apfels abschneiden und den Rest in dünne Ringe (5 mm) schneiden. Auf einem Backblech verteilen, 1 EL Demerara-Zucker darüberstreuen und mit 1 TL Zimt und einer Prise Muskatnuss bestäuben. Anschließend in den Ofen schieben und 5–6 Minuten braten. Mit einem Pfannenwender einmal umdrehen und weitere 5 Minuten braten. Die Äpfel sollten weich und leicht karamellisiert sein. Vor dem Belegen der Pizza abkühlen lassen, da sie durch den geschmolzenen Zucker sehr heiß sind. Ein mittelgroßer Apfel reicht für 1 Pizza.

2

BRATEN UND GRILLEN

250–300 °C

Ihr Holzofen funktioniert nicht nur wunderbar als Ofen, er bedient sich außerdem des großen Vorteils von funkelnder Glut und echten Flammen, die Sie dazu nutzen können, Gerichte zu schmoren, zu rösten oder zu grillen. Da die starke Energie des Feuers vom Boden des Ofens absorbiert wird, kann dieser auch als „Herdplatte" fungieren. Insgesamt heißt das für Sie, dass Ihnen, haben Sie erst einmal den Umgang mit dem extrem heißen Feuer gemeistert und ein wenig Selbstvertrauen gewonnen, ein überaus vielseitiges Arbeitsgerät zur Verfügung steht.

Viele Rezepte in diesem Kapitel gehen ganz schnell, wie die Pilze auf S. 81, die Meeresfrüchte auf S. 51 ff. und der Käsetoast auf S. 67. Für diese Gerichte würde ich nicht extra das Feuer anzünden, sie lassen sich aber prima zubereiten, während der Ofen für andere, aufwendigere Gerichte vorheizt. Einige Gerichte benötigen länger, z. B. das balinesische Schweinefleisch auf S. 83, da hier starke Hitze notwendig ist, damit es schön knusprig wird. Es wird dann aber über längere Zeit hinweg locker mit Alufolie abgedeckt während es gart. Die meisten Rezepte liegen aber in einem Zeitrahmen von weniger als einer Stunde.

Was die richtige Brattemperatur angeht, so möchte ich noch einmal einen Punkt aufgreifen, den ich bereits in der Einführung (siehe S. 11) angesprochen habe. Eine akkurate Temperaturmessung ist nicht einfach, da diese von vielen Variablen abhängt. Nehmen Sie die vorgegebene Temperaturspanne als Richtwert und messen Sie dann die Temperatur Ihres Ofens an mehreren Stellen mithilfe eines Infrarotthermometers, um einen Mittelwert zu bekommen. So erhalten Sie eine grobe Vorstellung von der Hitze des Ofens; es sagt Ihnen aber leider nicht viel über die Lufttemperatur und die Geschwindigkeit, mit der Ihr Ofen abkühlt. Es ist deshalb ganz wichtig, dass Sie ein Gefühl für das Kochen im Holzofen entwickeln, aber da Sie sich ja bereits auf die Idee eingelassen haben, ist der nächste Schritt nicht mehr so schwierig.

BRATEN

Das Braten im Holzofen unterscheidet sich sehr vom Braten im Umluftofen. Nirgendwo gibt es Schalter zum Erhöhen oder Senken der Temperatur und die Hitze wird auch nicht vom Ventilator gleichmäßig verteilt. Sie müssen lernen, stets genau zu wissen, wo in Ihrem Ofen die heißen und kälteren Stellen sind und wie sich die Flammen auf das Gericht auswirken. Genau wie bei der Pizza im vorherigen Kapitel sind dies aber Dinge, die Sie sich im Laufe der Zeit aneignen werden. Mit jedem Gebrauch des Ofens wird es einfacher.

Was die Ausrüstung angeht, so brauchen Sie nichts Besonderes. Ich verwende die meisten Töpfe, Pfannen, Bräter und Backbleche sowohl in meiner Küche als auch in meinem Holzofen. Sie müssen nur darauf achten, dass die Geräte keine hitzeempfindlichen Teile, z. B. aus Kunststoff, besitzen. Die größte Gefahr der Überhitzung besteht vermutlich bei meinen gusseisernen Geräten, da diese bei sehr starker Hitze Risse bekommen können. Ich würde vermutlich nicht gerade meinen teuersten gusseisernen Bräter direkt in ein loderndes Feuer stellen, aber bis zu einer Temperatur von 300 °C kann ich ihn jederzeit nutzen. Dicke Stahlpfannen, wie die Paella-Pfanne auf S. 89, sind absolut ideal – sie sind äußerst robust und widerstandsfähig.

GRILLEN

Wollen Sie Ihren Ofen in einen Grill verwandeln, benötigen Sie eine Metallschaufel damit Sie die glühenden Scheite ganz einfach zu einem schönen Glutbett im Ofen anhäufen können. Außerdem benötigen Sie einen Gussrost mit Füßen, den sie dann einfach über die Glut stellen.

Wollen Sie keinen extra Grilleinsatz kaufen, können Sie aber auch leicht improvisieren, so wie ich es tue. Ich verwende einen tiefen Fischkorb, den ich umgedreht auf die Glut stelle und das klappt hervorragend (auf S. 13 können Sie ein Bild davon sehen). Sie können auch mit anderen Geräten experimentieren oder z. B. eine gusseiserne Grillpfanne verwenden, sofern sie keinen Stiel aus Holz oder Kunststoff hat. Selbst ein hochbeiniger Grilleinsatz aus einem Mikrowellenherd oder ein robustes Kuchengitter würden gehen, wenn sie aus reinem Metall ohne Beschichtung bestehen.

Was auch immer Sie am Ende verwenden, grundsätzlich müssen Sie es stets auf die Glut stellen und mindestens 10 Minuten aufheizen lassen, bevor Sie Ihr Grillgut darauf legen. Es muss ein deutliches Zischen zu hören sein, wenn das Grillgut auf den Rost gelegt wird. Dadurch werden die Poren sofort verschlossen und das Fleisch, der Fisch oder was immer Sie gerade grillen bleibt nicht am Rost kleben.

RAUCH UND GESCHMACK

Die meisten Menschen gehen davon aus, dass alles, was vom Grill kommt, automatisch nach Rauch schmeckt, aber das stimmt gar nicht. Ist Ihr Holz leicht feucht, wird sich Rauch bilden, der wiederum vom Grillgut absorbiert wird. In einem ordentlich befeuerten Holzofen ist Rauchbildung jedoch kein Thema. Manchmal möchte man aber etwas Raucharoma (siehe S. 56) – dann greifen Sie zu Räucherchips. Es gibt zahlreiche Produkte auf dem Markt, die zum Smoken und Räuchern von Lebensmitteln gedacht sind. Beim Holzofen würde ich immer zu Holzchips zum Smoken und nicht zu feinem Mehl zum Räuchern greifen, da letzteres bei starker Hitze zu schnell verbrennt. Die Holzchips werden vor dem Smoken etwa eine Stunde in einer Schüssel oder einem Eimer mit kaltem Wasser eingeweicht und kommen dann unmittelbar vor dem Grillgut auf die Glut.

DAMIT ALLES HEISS BLEIBT

Ist Ihr Ofen nicht heiß genug, können Sie nicht einfach am Schalter drehen und die Temperatur erhöhen. Da die meisten Rezepte in diesem Kapitel aber auf starke bis sehr starke Hitze (250–350 °C) angewiesen sind, müssen Sie unbedingt wissen, wie Sie die Temperatur Ihres Ofens im Zweifelsfall erhöhen. Brennt Ihr Feuer munter, können Sie z. B. regelmäßig dünne Scheite (6–8 cm) nachlegen. Ist es aber bereits heruntergebrannt, sollten Sie erst etwas Kleinholz hineingeben, um die Sache wieder in Schwung zu bringen.

Ein Luftstoß aus dem Kupferrohr (siehe S. 12) lässt frisches Holz rasch Feuer fangen und minimiert dadurch eine mögliche Rauchbildung. Bevor Sie ausprobieren, wie stark der Luftstoß sein muss, sollten Sie vorsichtshalber das Gargut aus dem Ofen nehmen, damit es nicht aus Versehen mit Asche bestäubt wird. Mit ausreichend Zeit und Übung lernen Sie aber, das Rohr so an das Feuer heran zu manövrieren, dass Sie ihm einen sanften Luftstoß in die richtige Richtung verpassen können, ohne dass dabei großartig Asche aufgewirbelt wird.

Eine andere Möglichkeit, Ihrem Gargut einen sofortigen Hitzekick zu verpassen, ist das Herumschieben des Feuers. Die Stelle unter dem Feuer ist extrem heiß und kann genau das Richtige sein, um dem lahmen Gemüse etwas Schwung zu verleihen. Gart das Essen dagegen zu schnell oder wird es zu dunkel, können Sie es locker mit Alufolie abdecken. Das Ganze ist übrigens keine Schummelei, sondern eine aktive Arbeit mit dem Feuer, damit das Gericht so gut wie möglich auf den Tisch kommt.

GEGRILLTE MAKRELE MIT HASSELBACK-KARTOFFELN UND SEESPARGEL

Die Makrele ist der perfekte Fisch für den Holzofen, denn ihr öliges Fleisch bräunt großartig über der Glut. Gefüllt mit Rosmarin und Zitrone reicht schon der Duft allein, um die Erinnerung an laue Sommerabende hervorzurufen. Ich liebe die knusprigen Hasselback-Kartoffeln – es ist meine liebste Zubereitungsmethode für neue Kartoffeln. Durch die vielen schmalen Schlitze wird die knusprige Oberfläche deutlich vergrößert. Seespargel, ein salziges Meeresgemüse, ist nicht ganz einfach zu finden. Manchmal haben Sie im Supermarkt Glück; größer sind die Chancen aber bei einem gut sortierten Fischhändler.

320–340 °C
ERGIBT 4 PORTIONEN

800–900 g neue Kartoffeln
4 EL Olivenöl
Salz und frisch gemahlener schwarzer Pfeffer
200 g Seespargel
4 Makrelen, ausgenommen (je 350 g)
2 Knoblauchzehen, gehackt
1 Zitrone, in Scheiben
4 Zweige frischer Rosmarin

Eine Kartoffel auf die Arbeitsfläche legen und mit einem scharfen Messer Einschnitte in 2 mm Abstand machen, die eine Tiefe von ca. drei Viertel der Kartoffel haben. Die Scheiben müssen unten an der Kartoffel weiter verbunden sein. Mit dem Rest der Kartoffeln ebenso verfahren und diese anschließend in einen Bräter legen. Mit dem Großteil des Olivenöls beträufeln und kräftig mit Salz und Pfeffer würzen. Beim Salz etwas vorsichtig sein, da der Seespargel bereits recht salzig ist. Die Kartoffeln lassen sich etwa 1 Stunde vor dem Garen vorbereiten, solange sie gut mit Öl bedeckt sind. Anschließend in den Ofen stellen und 20–25 Minuten garen.

Den Seespargel in eine Schüssel geben und im restlichen Olivenöl schwenken. Mit etwas Pfeffer würzen und dann beiseitestellen.

Den Fisch auf jeder Seite mehrmals tief diagonal einschneiden und die Schlitze mit dem Knoblauch einreiben. Die Bauchhöhle mit Zitronenscheiben und Rosmarinzweigen füllen und den Fisch außen mit etwas Salz und reichlich Pfeffer würzen.

Die Kartoffeln aus dem Ofen nehmen und beiseitestellen, während der Fisch gart. Mit der Metallharke eine ordentliche Schicht Glut in der Mitte des Feuers anhäufen, den Grillrost darüberstellen und 5 Minuten aufheizen lassen. Anschließend herausnehmen, den Fisch darauflegen und wieder zurück über die Glut stellen. Die Makrelen auf jeder Seite 5 Minuten grillen, dann auf einen Servierteller legen und locker mit Alufolie abdecken, damit sie warm bleiben, während die Kartoffeln zu Ende garen. Ein Fischbräter ist perfekt zum Wenden des Fisches geeignet, muss aber ebenfalls zuerst im Ofen erhitzt werden, weil das ein Festkleben des Fisches verhindert.

Die Glut wieder in eine Ecke des Ofens schieben. Den Seespargel um die Kartoffeln herum verteilen und den Bräter über den heißen Fleck stellen, auf dem sich die Glut befand. Der Seespargel braucht nur etwa 5 Minuten – er soll noch schön bissfest sein. Zum Servieren die Fische auf das Gemüse legen und zum Tisch bringen.

NOCH ETWAS …

- Falls Sie keinen Seespargel bekommen, ersetzen Sie diesen durch 1–2 Handvoll grüne Bohnen, die allerdings ca. 10 Minuten zum Garen benötigen.

ZWEI SCHNELLE MUSCHELGERICHTE

Muscheln eignen sich großartig für die Zubereitung im Holzofen. Sie sind rasch gegart und verleihen mir die Energie, die ich für einen langen Backnachmittag brauche. Lassen Sie das Feuer etwas herunterbrennen, bevor es losgeht, und genießen Sie die Muscheln, während Sie darauf warten, dass der Ofen auf eine ideale Backtemperatur herunterkühlt.

Für beide Rezepte muss der Ofen eine gute Brattemperatur von 320–340 °C haben, mit viel Unterhitze von der Feuerbasis. Lassen Sie das Feuer auf einer Seite des Ofens brennen; unmittelbar bevor Sie den Topf hineinstellen, schieben Sie es mit einer Metallschaufel auf die andere Seite. Stellen Sie den Topf auf den heißen Fleck. Durch die extra Hitze von unten garen die Muscheln schneller.

PORTUGIESISCHE MUSCHELN MIT WEIN, KNOBLAUCH UND KORIANDER

Das einfachste und köstlichste Muschelrezept das ich kenne. Achten Sie darauf, reichlich Brot für die himmlische Sauce zur Hand zu haben und am besten auch den restlichen Wein. **(Foto siehe S. 52)**

320–340 °C
ERGIBT 2–4 PORTIONEN

1 kg Miesmuscheln
1 TL Salz
100 ml Olivenöl
5 Knoblauchzehen, gehackt
250 ml Weißwein
frisch gemahlener schwarzer Pfeffer
eine Handvoll frischer Koriander, gehackt

½ Zitrone zum Servieren

Die Muscheln in eine große Schüssel geben und mit kaltem Wasser bedecken. Das Salz unterrühren und das Ganze 1 Stunde ruhen lassen, sodass sich der Sand von den Schalen löst. Abgießen und sorgfältig abtropfen lassen.

Das Öl und den Knoblauch in einen tiefen Topf geben und in den Ofen stellen. Den Knoblauch 1–2 Minuten weich braten, ohne dass er anbrennt. Den Topf aus dem Ofen nehmen, mit dem Wein ablöschen und die Muscheln hinzugeben. Mit reichlich Pfeffer würzen und die Muscheln dann im Wein schwenken. Mit einem Deckel oder Alufolie fest zudecken. Das Feuer zur Seite schieben und den Bräter auf den heißen Fleck stellen. Die Muscheln ca. 10 Minuten garen, dabei den Topf 2–3-mal drehen. Die Muscheln sind gar, wenn sich alle geöffnet haben. Falls noch welche geschlossen sein sollten, den Topf wieder zudecken und noch einmal einige Minuten in den Ofen stellen.

Mit dem Koriander bestreuen, in eine Servierschüssel geben und mit dem Zitronensaft beträufeln. Sofort servieren; alle noch geschlossenen Muscheln wegwerfen.

KAMBODSCHANISCHE CURRYMUSCHELN

Dieses cremige Muschel-Curry, das in einem Körbchen aus Bananenblättern gebacken wird, basiert auf dem legendären kambodschanischen Fisch-Amok. Die Muscheln duften himmlisch nach Limettenblättern, Zitronengras und Kokos. Ich aß Fisch-Amok zum ersten Mal im Restaurant Friends International in Phnom Penh, einer großartigen Wohltätigkeitsorganisation, in der Straßenkindern durch eine Ausbildung im kulinarischen Bereich eine zweite Chance bekommen. Muscheln eignen sich gut für die Holzofen-Amokbehandlung; sie garen schnell und bleiben wunderbar zart (Foto siehe S. 52).

320–340 °C
ERGIBT 2–4 PORTIONEN

1 EL Pflanzenöl
400 ml Kokosmilch
2 EL Fischsauce
1 kg Miesmuscheln, gewaschen und geputzt
gekochter Reis zum Servieren (optional)

Für die Currypaste
6 frische oder gefrorene Kaffir-Limettenblätter, gehackt
2–3 Birdeye-Chilis
3 Knoblauchzehen, grob gehackt
1 Echalion (Bananen-Schalotte), grob gehackt
2–3 cm Galgant (oder frischer Ingwer), grob gehackt
1 Stängel Zitronengras, die äußeren Blätter entfernt, die inneren grob gehackt
Zesten und Saft von 1 Limette
Salz und frisch gemahlener schwarzer Pfeffer

Die Limettenblätter, die Chilis, den Knoblauch, die Schalotten, den Galgant, das Zitronengras sowie die Limettenzesten und den Saft in einen Krug geben. Mit etwas Salz und reichlich schwarzem Pfeffer würzen und dann mit einem Pürierstab pürieren. Alternativ geht es auch in einem Mixer. Die Mischung in eine Schüssel geben und bis zur Verwendung zugedeckt kalt stellen. Auf diese Weise hält sich das Ganze 1–2 Tage.

Das Öl dann in einen tiefen Topf gießen und 1 Minute im Ofen erhitzen. Die Currypaste dazugeben, den Topf wieder in den Ofen stellen und 10 Minuten braten, bis es anfängt zu duften.

Die Kokosmilch und die Fischsauce unterrühren, wieder in den Ofen stellen und aufkochen lassen (etwa 5 Minuten). Anschließend die Muscheln hinzufügen und in der Sauce schwenken, sodass sie rundherum bedeckt sind. Den Topf mit einem Deckel oder Alufolie fest verschließen. Das Feuer mit einer Metallschaufel zur Seite schieben und den Topf auf den heißen Fleck stellen. 10 Minuten kochen und den Topf dabei 2–3-mal drehen. Die Muscheln sind gar, sobald sie alle geöffnet sind. Falls noch welche geschlossen sein sollten, den Topf wieder zudecken und noch einmal einige Minuten in den Ofen stellen.

Die Muscheln noch einmal umrühren und sofort servieren. Alle geschlossenen Muscheln wegwerfen.

PEKINGENTE

Pekingente ist eines der Leibgerichte meines Sohnes und manchmal gönnen wir ihm das Vergnügen. Da es jedoch eines der teuersten Gerichte auf der Speisekarte ist, bleibt es eine Ausnahme. Dank der großen Hitze, die ein Holzofen entwickelt, habe ich jetzt das Geheimnis der knusprigen Ente entschlüsselt – ich habe jetzt allerdings auch eine ganze neue Sichtweise auf den hohen Preis, denn soll es perfekt werden, dauert die Zubereitung einige Tage. Die Ente wird mehrfach mariniert, getrocknet, gedünstet und gekühlt, alles Schritte, die Sie nicht vermeiden können. Dieses Rezept eignet sich also nicht für die Ungeduldigen unter uns, es ist aber eines, das sich auf jeden Fall lohnt. Sie werden es garantiert genauso lieben wie unser Kleiner.

ETWA 300 °C
ERGIBT 4–6 PORTIONEN

1,8–2 kg Ente (im Ganzen)
2 EL flüssiger Honig
1 EL Szechuan-Pfefferkörner
1 EL Meersalz
1 EL chinesisches Fünf-Gewürze-Pulver
1 EL Natron
6 Frühlingszwiebeln, grob gehackt
100 g frischer Ingwer, grob gehackt

Zum Servieren
ca. 18 Mandarin-Pfannkuchen (15 cm) oder kleine Weizentortillas
1 Bund Frühlingszwiebeln, in dünne Streifen geschnitten
½ große grüne Gurke, in dünne Streifen geschnitten
Hoisinsauce

Wenn Sie nach dem ganzen Marinieren, Dämpfen und Trocknen bereit sind, die Ente zu braten, brauchen Sie einen sehr heißen Ofen, damit die Ente perfekt knusprig wird – ca. 300 °C mit reichlich loderndem Feuer sind perfekt.

Die Ente auf die Arbeitsfläche legen und mithilfe der Finger und eines Holzlöffels vorsichtig die Haut vom Fleisch lösen aber nicht abziehen, beginnend an der Bauchhöhle. Dabei sehr langsam und vorsichtig vorgehen, damit die Haut so wenig wie möglich verletzt wird und sich nicht komplett löst. Ein Loch ist aber auch nicht das Ende der Welt. Die Ente anschließend auf ein Gitter über einem Bräter legen, mit dem Honig beträufeln und diesen rundherum verteilen, sodass eine dünne, gleichmäßige Schicht entsteht.

Die Szechuan-Pfefferkörner und das Meersalz in einem Mörser zu einem groben Pulver zerreiben. Das Fünf-Gewürze-Pulver sowie das Natron unterrühren und die Ente mit der Mischung einreiben. Anschließend 12–24 Stunden zum Marinieren und Austrocknen der Haut in den Kühlschrank stellen.

Die Ente am nächsten Tag mit dem Gitter in die Spüle stellen und mit zwei Kesseln voll kochendem Wasser übergießen, damit die Marinade abgespült wird und sich die Haut zusammenzieht. Anschließend sorgfältig abtropfen lassen und die Bauchhöhle mit der Hälfte der Frühlingszwiebeln und des Ingwers füllen.

Einen großen Dämpfkorb aus Bambus mit fettdichtem Papier auslegen und mit einem scharfen Messer einige Löcher hineinstechen. Die Ente in den Korb legen und zudecken.

Den Korb auf einen Wok stellen, der zur Hälfte mit kochendem Wasser gefüllt ist, und die Ente bei mittelhoher Hitze 1½ Stunden dämpfen; dabei immer wieder Wasser nachfüllen. Die Ente anschließend in dem Korb abkühlen lassen, wieder auf ein sauberes Gitter über einem Bräter legen und 12–24 Stunden kalt stellen.

Nun ist der Vogel endlich bereit für den Holzofen. Die Ente aus dem Kühlschrank nehmen und Frühlingszwiebeln sowie Ingwer aus der Bauchhöhle herausholen und entsorgen. Das Tier mit dem Rest der frischen Frühlingszwiebeln und des Ingwers erneut füllen und die Ente dann auf einen Gitterrost über einem Bräter legen. Im heißen Ofen 15–20 Minuten braten. Den Bräter regelmäßig drehen, damit die Ente rundherum gleichmäßig braun wird. Zur Hälfte der Garzeit einmal umdrehen, damit auch die Unterseite knusprig wird.

Die fertige Ente sofort zerrupfen und das Fleisch mit den Pfannkuchen und der Garnitur servieren.

GESMOKTE GARNELEN MIT ZITRONEN-BUTTERSAUCE

Dank einer Handvoll Holzchips, die man unmittelbar vor dem Garen auf die Glut gibt, bekommen diese Garnelen ein wundervolles Aroma. Mit Holzchips kann man allen möglichen gegrillten Speisen ganz leicht einen Anflug von Raucharoma verleihen – achten Sie aber darauf, dass die Holzchips vor der Verwendung mindestens 1 Stunde in kaltem Wasser eingeweicht werden (siehe S. 47 für weitere Informationen).

Auf S. 162 finden Sie eine Garnelen-Bisque, bei der die Köpfe und Schalen aus diesem Rezept Verwendung finden. So kitzeln Sie noch den letzten Rest Geschmack aus der doch recht teuren Zutat.

280–300 °C
ERGIBT 4 PORTIONEN ALS VORSPEISE ODER 2 ALS HAUPTMAHLZEIT

600 g rohe Großgarnelen
1 TL Olivenöl
Salz und frisch gemahlener schwarzer Pfeffer
75 g Butter
Zesten und Saft von 1 Zitrone
1 Knoblauchzehe, zerdrückt

Zusätzlich benötigen Sie eine Handvoll feuchter Holzchips (siehe oben)

Für dieses Rezept ist ein kräftiges Glutbett notwendig, über das der Grillrost gestellt wird (siehe S. 46, Grillausrüstung).

Die Schalen der Garnelen auf der Rückseite längs einschneiden. Das ist zwar eine Fummelei, lässt den Rauch aber besser in das Fleisch eindringen. Dazu eine Garnele mit dem Rücken zur Schneidehand auf die Arbeitsfläche legen. Mit einer Hand die Garnele fest herunter drücken und mit der anderen mithilfe eines kleinen, scharfen Messers vom Kopf bis zum Schwanz einen Einschnitt machen. Die Garnele in eine Schüssel legen und mit den restlichen Garnelen ebenso verfahren. Sobald alle fertig sind mit dem Olivenöl beträufeln und kräftig durchschütteln, damit sie vollständig bedeckt sind. Anschließend mit Salz und Pfeffer würzen.

Für die Sauce die Butter, die Zitronenzesten und -saft sowie den Knoblauch in eine kleine, feuerfeste Schüssel geben. Mit Salz und Pfeffer abschmecken.

Die glühenden Scheite mit einer Metallschaufel etwas platt drücken und gleichmäßig in der Mitte des Feuers verteilen. Die Holzchips darüberstreuen, dann den Grillrost darauf stellen und 5 Minuten erhitzen. Sobald der Grillrost heiß ist, die Garnelen darauf legen und 10 Minuten grillen. Nach der Hälfte der Garzeit einmal mit einer Grillzange wenden. Ist der Grillrost eher klein, müssen die Garnelen in zwei Schüben gegrillt werden.

Sobald die Garnelen garen, die Schüssel mit den Saucenzutaten in eine warme Ecke im Ofen stellen und schmelzen lassen – direkt bei der Tür ist z. B. ideal.

Die fertigen Garnelen in eine Servierschüssel geben, die Sauce darüberlöffeln und das Ganze kräftig schwenken, damit alle Garnelen bedeckt sind. Sofort heiß servieren (die Köpfe und Schalen in einer separaten Schüssel sammeln, wenn die Garnelen-Bisque auf S. 162 später zubereitet werden soll).

VIER SPIESSE AUS ALLER WELT

Für die nächsten Rezepte benötigen Sie 8 Spieße, am besten aus Metall, sowie einen Grillrost zum Garen (siehe S. 46, Grillausrüstung). Der Ofen muss auf etwa 280–300 °C vorgeheizt werden und ein Glutbett beinhalten.

LAMM-AUBERGINEN-SPIESSE IM TIKKA-STIL

Die Marinade für diese sanft gewürzten Spieße könnte einfacher nicht sein – Sie werfen einfach alle Zutaten in einen Krug und pürieren sie. Lassen Sie das Fleisch einige Stunden marinieren, damit der Joghurt seine zart machenden Qualitäten voll entfalten kann. Eine perfekte Beilage sind die Aloo Parathas auf S. 101, Teigtaschen mit einer würzigen Kartoffelfüllung. Ich würde erst die Parathas und dann die Spieße zubereiten, da sich diese, in ein sauberes Küchenhandtuch geschlagen, am Feuer gut warmhalten lassen (siehe Foto auf der nächsten Seite oben rechts).

280–300 °C
ERGIBT 8 SPIESSE, 4–6 PORTIONEN

700 g Lammbeinscheiben, in 2 cm große Würfel geschnitten
2 mittelgroße Auberginen, in 1 cm dicke Scheiben geschnitten

Für die Marinade
4 EL Naturjoghurt
3 cm frischer Ingwer, grob gehackt
3 Knoblauchzehen, grob gehackt
1–2 grüne Chilis, grob gehackt, nach Geschmack
25 g frischer Koriander, grob gehackt
2 TL Kreuzkümmel
1 TL Fenchelsamen
1 TL Kurkumapulver
Salz und frisch gemahlener schwarzer Pfeffer

Den Joghurt, den Ingwer, den Knoblauch, die Chilis, den Koriander, den Kreuzkümmel, den Fenchel und das Kurkumapulver in einen tiefen Krug geben und mit einem Pürierstab glatt pürieren. Mit etwas Salz und Pfeffer abschmecken. Alternativ kann auch ein Mixer verwendet werden.

Die Lamm- und Auberginenwürfel in eine Schüssel geben, mit der Marinade übergießen und sorgfältig darin wenden. Mit Frischhaltefolie abdecken und einige Stunden, besser über Nacht, im Kühlschrank ziehen lassen.

Die Lamm- und Auberginenstücke anschließend abwechselnd auf die Spieße stecken und auf einem Teller am Feuer ablegen.

Mit dem Metallschieber in der Mitte des Feuers ein Glutbett anhäufen, den Grillrost darauf stellen und 5–10 Minuten erhitzen. Anschließend die Spieße darauf legen und 20–25 Minuten grillen bis das Fleisch gar und die Auberginenstücke an den Rändern leicht geschwärzt und weich sind. Dabei mehrmals wenden.

HÜHNCHEN-CHORIZO-HALLOUMI-SPIESSE MIT SPINAT-BUTTER-COUSCOUS

Huhn, Chorizo und Halloumi, das Lieblingsgrillgut meiner Kinder auf einem Spieß kombiniert – dieses Rezept ist in meinem Haushalt immer ein Hit. Der buttrige Couscous bekommt durch den Blattspinat eine gesunde Portion Grün und lässt sich ganz einfach im Ofen zubereiten (Bild S. 59, oben links).

280–300 °C
ERGIBT 8 SPIESSE FÜR 4–6 PORTIONEN

1 Bund frische Minze, fein gehackt
Zesten und Saft von 1 Zitrone
2 Knoblauchzehen, zerdrückt
2 EL Olivenöl
frisch gemahlener schwarzer Pfeffer
400 g Hühnchenschenkel, in mundgerechte Stücke geschnitten
500g Halloumi, in je 8 Würfel geschnitten
225 g scharfe Chorizo, in dünne Ringe (5–7 mm) geschnitten

Für den Couscous
200 g Couscous
300 ml heiße Hühner- oder Gemüsebrühe
Salz und frisch gemahlener schwarzer Pfeffer
3 Handvoll Babyspinat, grob gehackt
2 EL Butter, gewürfelt

Die Minze, den Zitronensaft und -zesten, den Knoblauch und das Olivenöl für die Marinade in einer Schüssel sorgfältig verrühren. Kräftig mit Pfeffer würzen. Das Huhn in eine Schüssel und den Halloumi in eine zweite Schüssel geben und die Marinade gleichmäßig auf die beiden Schüsseln verteilen. Beides sorgfältig wenden. Mit Frischhaltefolie abdecken und einige Stunden, besser über Nacht, im Kühlschrank ziehen lassen.

Halloumi und Huhn, zusammen mit der Chorizo, abwechselnd auf die Spieße stecken. Damit die Spieße nicht auseinanderfallen, mit einer Scheibe Chorizo beginnen und enden, dadurch werden die Zutaten fest zusammen gehalten. Halloumi neigt zudem dazu, in der Mitte jedes Blocks einzureißen, wodurch die Würfel oft auseinanderbrechen. Die Stücke daher am besten rechtwinklig zum Riss auf die Spieße stecken. Auf diese Weise gehen sie nur selten kaputt. Weiterhin ist es hilfreich, die Spieße bis zur Zubereitung im Kühlschrank aufzubewahren.

Die Glut mit einem Metallschieber zu einem gleichmäßigen Bett verteilen. Den Grillrost mit etwas Pflanzenöl einpinseln und 5–10 Minuten vorheizen. Anschließend mit einem Handschuh aus dem Ofen nehmen, die Spieße auf den heißen Grillrost legen, das Ganze wieder über das Glutbett stellen und etwa 20 Minuten grillen. Zur Hälfte der Garzeit einmal wenden.

Sobald die Spieße im Ofen sind, den Couscous vorbereiten. Diesen dazu gleichmäßig auf dem Boden einer Terrakottaform oder einer feuerfesten Pfanne verteilen. Mit der heißen Brühe aufgießen und mit etwas Salz und Pfeffer würzen. Den gehackten Spinat darübergeben und die Butterwürfel darauf verteilen. Mit einem Deckel oder einem Stück Alufolie fest verschließen und anschließend in eine kühlere Ecke des Ofens schieben, weg von Feuer und Glut. Der Couscous benötigt etwa 15 Minuten; die genaue Garzeit hängt jedoch von der Temperatur an der Stelle des Ofens ab, an der er sich befindet. Nach 10 Minuten einmal nachschauen – der Couscous ist gar, wenn er die Brühe vollständig absorbiert hat, der Spinat zusammengefallen und die Butter geschmolzen ist. Falls die Beilage noch nicht fertig ist, einfach wieder zudecken und zurück in den Ofen stellen. Ist der Couscous hingegen gar, mit einer Gabel kurz durchrühren, wieder zudecken und neben dem Ofen warm halten, bis die Spieße ebenfalls fertig sind. Ist der Ofen nicht groß genug, um beides parallel zuzubereiten, mit dem Couscous beginnen und diesen warm halten, während die Spieße garen. Zum Servieren die Spieße auf dem Couscous anrichten.

GRILLSPIESSE MIT BERBERE-RINDFLEISCH UND GRÜNER PAPRIKA

Berbere ist eine berauschende Gewürzmischung aus Äthiopien. Sie besteht aus Bockshornklee, Kardamom, Chili und vielen anderen wunderbaren Gewürzen. Die Zutatenliste ist ziemlich lang, deshalb können Sie die Gewürzmischung fertig kaufen. Am besten stellen Sie die Mischung aber selbst her, weil sie frisch gemahlen um ein Vielfaches aromatischer ist. Als Beilage zu diesen Spießen eignet sich der Couscous aus dem Rezept auf S. 60 ganz hervorragend. Sie können das Fleisch aber auch von den Spießen nehmen und mit gehackten Tomaten und grünem Salat in getoasteten Pita-Taschen servieren (Bild S. 59 unten links).

280–300 °C
ERGIBT 8 SPIESSE FÜR 4–6 PORTIONEN

3 Knoblauchzehen, zerdrückt
1 EL Pflanzenöl
1 EL Tomatenmark
700 g Skirt Steak (Saumfleisch), in 2 cm großen Würfeln
2 grüne Paprikaschoten, in 2 cm großen Stücken

Für die Berbere-Gewürzmischung
1 EL Koriandersamen
1 TL Bockshornkleesamen
6 Kardamomkapseln
1–2 TL gemahlene Chiliflocken (nach Geschmack)
½ TL Pimentbeeren
1 TL schwarze Pfefferkörner
½ TL Nelken
1 EL edelsüßer Paprika
1 TL Ingwerpulver
½ TL Muskatpulver

Die Koriandersamen in einer trockenen Pfanne bei mittlerer Hitze 1 Minute rösten und anschließend in eine Gewürzmühle geben. Den Bockshornklee, den Kardamom, die Chiliflocken, die Pimentbeeren, die Pfefferkörner und die Nelken dazugeben, zu einem feinen Pulver mahlen und in eine Schüssel geben. Das Paprikapulver, das Ingwerpulver und die Muskatnuss dazugeben und alles sorgfältig mischen.

Anschließend den Knoblauch, das Öl und das Tomatenmark unterrühren, bis eine dicke Paste entsteht. Das Fleisch darin wälzen, bis alle Stücke rundherum bedeckt sind. Mit Frischhaltefolie zudecken und einige Stunden, besser über Nacht, kalt stellen.

Das marinierte Fleisch nun abwechselnd mit den Paprikastücken auf Metallspieße stecken und auf einen Teller legen. Mit dem Metallschieber in der Mitte des Ofens ein kräftiges Glutbett anhäufen, den Grillrost darüberstellen und 5–10 Minuten vorheizen. Wenn der Grillrost sehr heiß ist, bleibt das Fleisch nicht daran kleben.

Die Spieße dann auf den heißen Grillrost legen und etwa 20 Minuten grillen und dabei mehrmals wenden, bis das Fleisch schön gebräunt und knusprig und die Paprika weich ist.

NOCH ETWAS …

- Das Berberegewürz eignet sich auch großartig für Eintöpfe mit Rindfleisch oder Huhn, oder würzen Sie damit einmal das Brisket auf S. 175 (Essig, Kräuter und Gewürze gegen die Berberemischung austauschen, Zwiebeln, Knoblauch und Rinderbrühe aber beibehalten).

KOREANISCHE HÜHNERSPIESSE MIT INGWER-KNOBLAUCH-KLEBEREIS

Ich liebe Gochugaru-Chilli, ein koreanisches Gewürz, dass Sie in Asialäden oder im Internet finden. Es verleiht Gerichten eine Art zitronige Wärme ohne allzu scharf zu sein und eignet sich daher ideal dazu, Kinder an ein bisschen Schärfe heranzuführen. Der Klebereis wird aus Sushireis zubereitet, den Sie problemlos in gut sortierten Supermärkten oder Asialäden bekommen. Im Zweifelsfall können Sie auch Arborio-Risottoreis oder rundkörnigen Milchreis verwenden, den Sie aber zuerst sorgfältig unter kaltem Wasser abspülen müssen, da er sehr viel Stärke enthält. Diese eignet sich ideal für Risottos oder Milchreis, für dieses Rezept aber eher nicht so sehr (Bild S. 59 unten rechts).

280–300 °C
ERGIBT 8 SPIESSE FÜR 4–6 PORTIONEN

650–700 g Hühnerschenkel, in 2 cm großen Würfeln
3 EL Sojasauce
3 EL Reisessig
2 Knoblauchzehen, zerdrückt
ein daumengroßes Stück frischer Ingwer, gerieben
1–2 TL Gochugaru-Chiliflocken (nach Geschmack)
1 Bund Frühlingszwiebeln, in 2 cm langen Streifen

Für den Reis
1 große Zwiebel, fein gewürfelt
3 EL geröstetes Sesamöl
3 Knoblauchzehen, zerdrückt
ein daumengroßes Stück frischer Ingwer, gerieben
Salz und frisch gemahlener schwarzer Pfeffer
500 g Sushireis
750 ml kaltes Wasser

Als erstes das Huhn marinieren; das kann bereits einige Stunden bis zu einem Tag vor dem Grillen geschehen. Dazu das Fleisch in eine Schüssel legen und mit der Sojasauce, dem Reisweinessig, dem Knoblauch, dem Ingwer und dem Gochugaru-Chili mischen. Alternativ alles in einen großen Ziplock-Beutel geben und kräftig durchkneten. Bis zum Grillen im Kühlschrank aufbewahren.

Das marinierte Fleisch abwechselnd mit den Frühlingszwiebeln auf die Spieße stecken. Anschließend beiseitestellen und den Reis vorbereiten.

Die Zwiebeln, das Sesamöl, den Knoblauch und den Ingwer in eine große tiefe Pfanne oder einen Bräter mit dickem Boden geben und mit Salz und Pfeffer würzen. In den heißen Ofen stellen und 10–15 Minuten braten. Dabei mehrmals umrühren, bis das Gemüse weich ist und zu karamellisieren beginnt. Den Reis und das Wasser dazugeben und sorgfältig umrühren. Mit einem Deckel oder einem Stück Alufolie fest verschließen, zurück in den Ofen stellen und 20 Minuten garen.

Sobald der Reis kocht, die Glut mit dem Metallschieber in einem schönen flachen Bett verteilen. Den Grillrost mit etwas Pflanzenöl einpinseln und 5–10 Minuten vorheizen. Den Rost dann mit Handschuhen herausnehmen, die Spieße darauflegen und wieder über das Glutbett stellen. Das Ganze 15–20 Minuten grillen und die Spieße dabei einmal wenden.

Die Spieße zum Servieren auf dem Reis anrichten.

ESQUITES (MEXIKANISCHER MAISSALAT)

Ich kann gar nicht beschreiben, wie sehr ich diesen mexikanischen Maissalat liebe – süß, salzig, cremig und unglaublich aromatisch, gepaart mit rauchiger Chilischärfe. Es ist mein absoluter Lieblingssalat, wenn es frischen Zuckermais gibt. Versuchen Sie auf alle Fälle, Chipotle-Chiliflocken zu finden, denn sie verleihen dem Salat ein intensives Raucharoma. In gut sortierten Supermärkten sollten Sie Glück haben, ansonsten im Internet bestellen, oder aber, wenn's nicht anders geht, etwas Chipotle-Chilisauce verwenden. Der Salat ist eine perfekte Beilage zum Barbacoa Beef Brisket auf S. 175 (Bild S. 174), schmeckt aber auch großartig zu Nachos und Guacamole. Sie können natürlich auch eine Mexikoparty ausrichten und alles zusammen servieren.

250–260 °C
ERGIBT 4–6 PORTIONEN ALS BEILAGE, WENIGER, WENN ES IHNEN SO GUT SCHMECKT WIE MIR!

4 große Kolben Zuckermais, Blätter entfernt
3 EL Olivenöl
1–2 TL Chipotle-Chiliflocken oder gewöhnliche Chiliflocken (nach Geschmack)
Salz und frisch gemahlener schwarzer Pfeffer
100 g Feta, zerbröselt
3 gehäufte EL Sour Cream
½ Bund Frühlingszwiebeln, in feinen Ringen
1 Knoblauchzehe, zerdrückt
1 kleiner Bund Koriander, fein gehackt

Der Ofen muss eine ordentlich Brattemperatur aufweisen (250–260 °C) mit reichlich Flammen, aber er darf nicht so heiß sein, wie für Pizza.

Einen Maiskolben senkrecht auf der Arbeitsfläche halten und mit einem scharfen Messer die Körner herunter schneiden. Nach Gefühl schneiden, aber nicht zu tief, sonst werden die Körner holzig! Danach die Körner, die sich höchstwahrscheinlich auf der ganzen Arbeitsfläche verteilt haben, in einen großen Bräter geben. Das Ganze mit den restlichen Maiskolben wiederholen. Anschließend mit dem Öl übergießen, die Chiliflocken dazugeben und alles mit Salz und Pfeffer abschmecken.

Für das Dressing den Großteil des Fetas zusammen mit der Sour Cream, den Frühlingszwiebeln, dem Knoblauch und dem meisten Koriander in eine große Schüssel geben (groß genug, dass der gekochte Mais später darin Platz hat) und durchrühren. Etwas Feta und Koriander zum Anrichten aufbewahren. Das Dressing beiseitestellen, während der Mais gart.

Den Bräter nahe der Glut in den heißen Ofen stellen, damit der Mais ordentlich Hitze abbekommt. Gute 20–25 Minuten rösten, bis der Mais eine schöne Farbe bekommen hat. Den Bräter dabei einige Male herausnehmen und den Mais durchschütteln, damit dieser gleichmäßig gart.

Sobald der Mais gar ist, in die Schüssel mit dem Dressing schütten und auch die leicht festgebrannten Stückchen herauskratzen – sie verleihen dem Salat ein großartiges Aroma. Anschließend alles sorgfältig mischen, in eine Servierschüssel geben und mit dem restlichen Feta und Koriander bestreuen.

Der Salat kann heiß oder etwas abgekühlt bei Raumtemperatur serviert werden. Im Kühlschrank hält er sich etwa 3 Tage, sollte aber vor dem Servieren wieder auf Raumtemperatur erwärmt werden, damit er sein volles Aroma entfalten kann.

POLENTA-CROSTINI MIT WILDPILZEN, KNOBLAUCH UND TALEGGIO

Knusprig gebackene Polenta mit Parmesangeschmack ist die perfekte Basis für allen möglichen, köstlichen Belag und eignet sich gut als Vorspeise oder Snack. In diesem Rezept belegen wir sie mit herbstlichen Wildpilzen und geschmolzenem Käse; weiter unten finden Sie aber noch andere Vorschläge, z. B. zur Verwendung des restlichen gebratenen Gemüses. Polenta ist von Natur aus glutenfrei, deshalb können Sie diese Crostinis auch sorglos knabbern, wenn Weizen Ihnen nicht bekommt. Dieses Rezept muss bereits einige Stunden vor dem Essen vorbereitet werden, da die Polenta vor dem Aufschneiden einige Zeit im Kühlschrank fest werden muss.

280–300 °C
ERGIBT 18 CROSTINI, 6–8 PORTIONEN ZUM KNABBERN

Für die Crostini
600 ml Gemüse- oder Hühnerbrühe
150 g Maisgries (Polenta)
2 EL Butter
50 g Parmesan, frisch gerieben
Salz und frisch gemahlener schwarzer Pfeffer
etwas Olivenöl zum Einfetten

Für den Belag
400 g Pilze, eine Mischung aus wilden braunen und weißen Champignons
2 EL Butter
2 EL Olivenöl
2–3 Knoblauchzehen, zerdrückt
200 g Taleggio, in 1 cm großen Würfeln
frisches Basilikum zum Garnieren
Salz und frisch gemahlener schwarzer Pfeffer

Die Brühe in einen Topf geben und bei starker Hitze aufkochen. Sobald sie kocht, den Maisgries langsam einrieseln lassen und dabei ständig rühren, sodass sich keine Klumpen bilden. Die Temperatur auf mittel reduzieren und das Ganze unter ständigem Rühren köcheln, bis es richtig dick wird. Das dauert etwa 5 Minuten. Achtung, Polenta spritzt beim Kochen gerne! Anschließend den Herd abschalten und die Butter und den Parmesan unterrühren, bis beide geschmolzen sind. Großzügig mit Salz und Pfeffer abschmecken.

Ein großes Backblech einfetten und die Polenta 1 cm dick darauf verteilen. Die Oberfläche mit einem Messer glätten. Ist die Masse etwas abgekühlt, geht das auch mit den Händen. Anschließend vollständig erkalten lassen, mit Frischhaltefolie abdecken und einige Stunden in den Kühlschrank stellen, bis die Polenta sehr fest ist. Das Ganze lässt sich auch am Vortag vorbereiten und über Nacht kalt stellen.

Die kalte Polenta in 9 gleich große Rechtecke schneiden. Jedes Rechteck diagonal halbieren und die Dreiecke auf zwei Backblechen verteilen, damit sie rundherum ausreichend Platz haben. Mit etwas Olivenöl beträufeln und dabei mehrmals wenden, damit die Polentastücke ganz mit Öl benetzt sind.

Ein Backblech in den heißen Ofen schieben und 15 Minuten backen. Das Backblech mehrmals wenden und die Crostinis nach der Hälfte der Zeit mit einem Pfannenwender umdrehen. Das erste Blech aus dem Ofen nehmen und das Ganze mit dem zweiten Blech wiederholen. In der Zwischenzeit den Belag vorbereiten.

Die Pilze mit der Butter, dem Olivenöl und dem Knoblauch in einen großen Bräter geben. Mit Salz und Pfeffer würzen und in den Ofen stellen. Einige Minuten in der Butter weich braten und dabei mehrmals durchrühren.

Bis hierhin können Crostinis und Pilze vorbereitet werden. Zum Essen muss dann beides noch einmal aufgewärmt werden.

Zum Servieren die Polentadreiecke auf einem Backblech anordnen und jeweils einige Pilze und Taleggiowürfel obenauf geben. In den Ofen schieben und 2–3 Minuten erwärmen, bis der Käse zu schmelzen beginnt. Sofort servieren.

NOCH ETWAS …

Hier kann man sehr gut Reste von gebratenem Gemüse verwenden (siehe S. 34–40).

- Gebratener Kürbis, Ricotta und Salbei
- Gebratene Paprika mit Pecorinospänen
- Gebratene Kirschtomaten mit Ziegenkäse

WÜRZIGER KÄSETOAST AUS DEM HOLZOFEN

Ein wunderbarer Weg zur Überbrückung der Wartezeit, während der Ofen aufheizt oder in der Zeit zwischen dem Garen von zwei Gerichten. Die Zubereitung von diesem Käsetoast könnte einfacher nicht sein. Wie es so meine Art ist, habe ich das Ganze natürlich etwas aufgepeppt, aber das bleibt ganz Ihnen überlassen. Der Trick besteht darin, das Brot außen zu buttern, damit es wunderbar knusprig wird.

280–300 °C
ERGIBT 1 PORTION

einige Scheiben Ihres Lieblingsbrotes, ca. 1 cm dick geschnitten
weiche Butter zum Bestreichen
ca. 75 g reifer Cheddar, gerieben
1 Frühlingszwiebel, in feine Ringe geschnitten
etwas frischer Koriander, gehackt
frisch gemahlener schwarzer Pfeffer
1–2 TL eingelegte Auberginen, nach indischer Art (Brinjal), zu einer homogenen Masse püriert

Die Temperatur ist hier nicht wichtig; mit einigen schönen Glutstücken geht es aber deutlich schneller.

Die Brotscheiben mit Butter bestreichen und mit der Butterseite nach unten auf einen Teller legen. Eine Scheibe mit dem Käse, den Frühlingszwiebeln und dem Koriander bestreuen. Eine kräftige Prise frisch gemahlenen schwarzen Pfeffer darüberstreuen. Auf der anderen Scheibe die Auberginenmasse verteilen und das Ganze so zusammenklappen, dass die Butterseiten außen sind.

Anschließend mit dem Metallschieber einige Stücke Glut in die Mitte des Ofens ziehen, den Grillrost darauf setzen und diesen 5–10 Minuten vorheizen. Die Käsesandwiches darauf legen und einige Minuten rösten, bis das Brot knusprig und der Käse geschmolzen ist. Dabei einmal wenden und mehrmals drehen, damit sie gleichmäßig garen.

NOCH ETWAS …

Probieren Sie es statt mit der Auberginenmasse und dem Koriander mit:

- einigen Scheiben reifer Tomate zwischen dem Käse
- einem Löffel Pesto oder einem traditionellen Chutney statt der indischen Version
- etwas englischem oder Dijonsenf
- einer anderen Käsesorte, z. B. Gruyère, geräuchertem Cheddar oder einem Blauschimmelkäse …

DREI UNWIDERSTEHLICHE BAR-SNACKS

Salzig, würzig, unwiderstehlich – der ideale Bar-Snack lässt die Getränke fließen und dieses Trio wird den Ansprüchen mehr als gerecht. Zudem ist es ganz einfach zuzubereiten, während Sie z. B. darauf warten, dass der Ofen die richtige Pizzatemperatur erreicht. Geben Sie dann noch das herzhafte Shortbread (siehe S. 107, Bild auf S. 69 rechts) dazu, haben Sie eine großartige Snackpalette für Ihre Gäste, während sie auf das eigentliche Essen warten.

HÖLLISCHE SCHWEINEKRUSTE

290–300 °C
ERGIBT 4–6 PORTIONEN ALS TEIL DER SNACK-AUSWAHL

300–400 g Schweineschwarte, über Nacht unbedeckt im Kühlschrank getrocknet (falls Sie die Rillettes auf S. 183 zubereiten sollten, können Sie die restliche Schwarte hier verwenden)
1 EL englisches Senfpulver
2 TL Fleur de Sel

Die Schweineschwarte mit einer scharfen, robusten Schere in 1 cm breite Streifen schneiden. Die Streifen auf einem Backblech verteilen, mit dem Senfpulver und den Salzflocken bestreuen und beides kräftig einreiben.

Die gewürzten Schwartenstreifen auf einen Grillrost legen und das Ganze auf ein Backblech stellen, welches das Fett auffängt. In den heißen Ofen (290–300 °C) zu einem lebhaften Feuer schieben und etwa 45 Minuten braten. Die Streifen mit einer Grillzange mehrmals wenden, damit sie rundherum knusprig werden.

Vor dem Servieren kurz abkühlen lassen.

SCHARFE KICHERERBSEN

260–280 °C
ERGIBT 4–6 PORTIONEN ALS TEIL DER SNACK-AUSWAHL

400 g Kichererbsen aus der Dose, abgetropft und abgespült oder 400 g selbst gekochte Kichererbsen (siehe S. 179)
1 EL Olivenöl
2 TL Kreuzkümmel
2 TL Schwarzkümmelsamen
1–2 TL Chiliflocken (nach Geschmack)
Fleur de Sel

Die abgetropften und abgespülten Kichererbsen in einen kleinen Bräter geben und so verteilen, dass sie in einer Schicht liegen. Mit dem Olivenöl beträufeln und anschließend mit dem Kreuzkümmel, dem Schwarzkümmel und dem Chili bestreuen. Eine kräftige Prise Fleur de Sel darübergeben und alles sorgfältig mischen.

Den Bräter in den heißen Ofen schieben und die Kichererbsen etwa 30 Minuten rösten, bis sie goldbraun und knusprig sind. Den Bräter mehrmals durchrütteln, damit die Erbsen gleichmäßig geröstet werden. Vor dem Servieren kurz abkühlen lassen.

Schmeckt am besten am Tag der Zubereitung.

RAUCHMANDELN

250–260 °C
ERGIBT 4–6 PORTIONEN ALS TEIL DER SNACKAUSWAHL

200 g Mandeln
1 EL Olivenöl
1–2 TL geräuchertes Paprikapulver (nach Geschmack)
Fleur de Sel

Die Mandeln in einer Schicht in einem kleinen Bräter verteilen. Mit Olivenöl beträufeln, mit dem Paprikapulver und Salz bestreuen und kräftig durchschütteln.

Den Bräter in den Ofen schieben und 10–15 Minuten rösten, bis die Mandeln goldbraun sind und aromatisch duften. Vor dem Servieren etwas abkühlen lassen. Luftdicht aufbewahrt halten sie sich etwa 1 Woche.

HOLZOFEN-RATATOUILLE

Dieses Rezept ist ausgesprochen anpassungsfähig und lässt sich nach Belieben verändern, je nachdem, welches mediterrane Gemüse Sie gerade zur Hand haben (einige Anregungen finden Sie unten). Es ist ein ideales Hochsommerrezept, wenn Gemüse in großen Mengen preiswert zu haben ist. Sie erhalten eine ziemlich große Portion, aber die Ratatouille hält sich im Kühlschrank problemlos einige Tage und schmeckt auch bei Raumtemperatur sehr gut, was sie ideal als Mitbringsel für's Picknick oder als Mittagessen auf der Arbeit macht.

250–280 °C
ERGIBT 4–6 PORTIONEN

2 Auberginen, fein gewürfelt
2 rote, gelbe oder orangefarbene Paprikaschoten, fein gewürfelt
5 EL Olivenöl
Salz und frisch gemahlener schwarzer Pfeffer
3 Zucchini, fein gewürfelt
5 große Knoblauchzehen, fein gehackt
750 g Kirschtomaten, geviertelt
4 EL Rotweinessig
2 EL Zucker oder weniger, wenn die Tomaten sehr reif sind

Zum Servieren
2–3 EL extra-vergines Olivenöl zum Beträufeln
1 großer Bund frisches Basilikum, fein gehackt
75 g Parmesan, frisch gerieben (nach Geschmack)

Bei diesem Rezept benötigen Sie einen Ofen mit einer idealen Temperatur zum Braten (250–280 °C) und mit einem lebhaften Feuer, damit das Gemüse schön Farbe bekommt. Wie viele Rezepte in diesem Buch können Sie auch dieses bei einer niedrigeren Temperatur zubereiten; es dauert dann eben etwas länger und der Geschmack ist nicht ganz so intensiv.

Die gewürfelten Auberginen und Paprikaschoten in einen großen Bräter geben, mit dem Olivenöl beträufeln und mit Salz und Pfeffer würzen. Den Bräter in den Ofen nahe an das Feuer schieben und das Gemüse 10–15 Minuten braten. Den Bräter dabei 1–2-mal herausnehmen und durchrühren, je nach Intensität des Feuers. Das Gemüse soll kräftig Farbe bekommen.

Den Bräter dann herausnehmen, die Zucchini und den Knoblauch dazugeben und alles weitere 10 Minuten braten. Den Bräter wieder herausnehmen, die Tomaten, den Essig und den Zucker dazugeben und kräftig umrühren. Den Bräter wieder in den Ofen schieben und das Ganze weitere 20–25 Minuten schmoren. Das Gemüse sollte nun weich und leicht karamellisiert sein.

Die fertige Ratatouille 10 Minuten abkühlen lassen, dann mit dem extra-verginen Olivenöl beträufeln, den Basilikum darüberstreuen und alles kräftig mischen. Vor dem Servieren mit dem Parmesan bestreuen. Schmeckt warm oder auch bei Raumtemperatur.

NOCH ETWAS …

- Geben Sie eine Dose abgetropfte und abgespülte oder – noch besser – selbst gekochte Kichererbsen (siehe S. 179) hinzu.
- Rühren Sie einige Löffel gehackte Kapern oder schwarze Oliven unter.
- Fügen Sie dem Gemüse beim Braten ein paar Gewürze wie Kreuzkümmel, Koriander und einen Hauch Zimt hinzu und Sie erhalten eine Variante des türkischen Gerichtes Türlü.

GEBRATENER RÄUCHER-SCHELLFISCH MIT KARTOFFELN UND KNUSPRIGEM GRÜNKOHL

Dank seines indisch angehauchten Geschmacks erinnert dieses einfache Rezept an Kedgeree, aber mit knusprig gebratenen Kartoffeln statt Reis. Parmesan in einem Fischgericht mag Ihnen im ersten Moment etwas ungewöhnlich vorkommen – es bekommt dadurch aber keinen „käsigen" Geschmack sondern einen angenehmen Umami-Kick. Falls Ihnen die Currygewürze nicht zusagen, finden Sie unten einige Alternativen; das Rezept ist sehr anpassungsfähig. Sollten Sie großen Hunger haben, können Sie dem Ganzen ein pochiertes Ei hinzufügen.

250–260 °C
ERGIBT 4 PORTIONEN

600 g geräuchertes Schellfischfilet, ohne Haut, 2 cm dick, geviertelt
4 EL Pflanzenöl
2 TL Kreuzkümmel
2 TL Koriandersamen
2 Nelken
2 grüne Kardamomkapseln
800 g Kartoffeln, abgebürstet, in 2 cm große Würfel geschnitten
2 EL Senfkörner
3 Knoblauchzehen, leicht zerdrückt aber im Ganzen
Salz und frisch gemahlener schwarzer Pfeffer
100 g Grünkohl, am besten frisch vom Stängel gezupft, in ca. 3 cm großen Stücken
25 g Parmesan, fein gerieben

Zum Servieren
frischer Koriander, gehackt
Mangochutney

NOCH ETWAS ...

- Verwenden Sie dicke Lachs- oder Kabeljaufilets (zu dünne Filets werden trocken).
- Nehmen Sie statt der Gewürze je eine kleine Handvoll gehackter schwarzer Oliven, sonnengetrockneter Tomaten und Kapern zusammen mit dem Fisch. Ersetzen Sie das Pflanzenöl durch Olivenöl. Servieren Sie dazu reichlich Basilikum statt Koriander.

Für dieses Rezept muss der Ofen auf 250–260 °C vorgeheizt sein, das Feuer sollte außerdem noch brennen.

Die Fischfilets auf einen Teller legen, mit etwas Öl beträufeln und einreiben. Den Kreuzkümmel, die Koriandersamen, die Nelken und den Kardamom in einer Gewürzmühle oder mit Mörser und Stößel zu einem feinen Pulver mahlen. Die Filets damit bestreuen und einreiben. Anschließend beiseitestellen.

Die Kartoffeln in einen großen Bräter geben, einen kräftigen Schuss Öl hinzugeben, alles mit den Senfkörnern bestreuen und kräftig mischen. Die Knoblauchzehen hineinstecken und alles mit Salz und Pfeffer würzen. Den Bräter in den heißen Ofen schieben und die Kartoffeln 25–30 Minuten braten, dabei einige Male umrühren, damit sie gleichmäßig knusprig werden.

In der Zwischenzeit den Grünkohl unter fließendem Wasser abwaschen und trocken schütteln. In eine Schüssel geben, mit dem Parmesan und etwas Öl mischen und beiseitestellen.

Wenn die Kartoffeln fast gar sind, die Fischfilets darauf verteilen und das Ganze weitere 5 Minuten garen. Zu guter Letzt den Grünkohl dazugeben und alles 5–8 Minuten braten, bis der Grünkohl knusprig ist (sticht man mit einer Gabel hinein, sollte er auseinanderfallen).

Zum Servieren mit etwas Koriander bestreuen und dazu einen Löffel Mangochutney reichen.

TOAD-IN-THE-HOLE MIT HERBSTGEMÜSE

Toad-in-the-hole („Kröte im Loch"), Bratwurst in einer Hülle aus knusprigem Yorkshire Pudding, ist ein klassisches englisches Gericht, das die meisten Kinder lieben. Der Schlüssel zum Erfolg liegt darin, die Pfanne stark zu erhitzen, bevor der Teig hineingegeben wird. Ein perfektes Rezept für den Holzofen!

ETWA 250 °C
ERGIBT 4 PORTIONEN, VIELLEICHT MIT GEBRATENEN GEMÜSERESTEN

Für die Sauce
2 große Zwiebeln
2 EL Butter
1 EL Olivenöl
2 gehäufte TL Mehl
450 ml Rinderbrühe
ein Spritzer Rotwein (optional)
1 TL Marmite (optional; diese vegetarische Würzpaste aus Hefeextrakt gibt es im Onlinehandel)

Für das gebratene Herbstgemüse
einige Rote Bete geschält, in 2 cm großen Würfeln
2 Pastinaken, geschält, in 3 cm großen Würfeln
1 mittelgroßer Butternut-Kürbis, in 3 cm großen Würfeln
3 EL Olivenöl
eine gute Handvoll erdiger Kräuter – Thymian, Rosmarin und Salbei
Salz und frisch gemahlener schwarzer Pfeffer

Für die „Kröte"
120 g Mehl
2 Eier
200 ml Milch
8–12 Chipolata-Würste
3 EL Olivenöl

Senf zum Servieren (optional)

Für dieses Rezept muss der Ofen schön heiß sein (ca. 250 °C). Das Feuer hin- und herschieben, damit der Boden heiß bleibt. Ist der Ofen für zwei Bräter zu klein, erst die Zwiebeln garen und dann das Gemüse. Beides anschließend warm halten.

Die Zwiebeln mit der Butter und dem Olivenöl in einen kleinen Bräter geben. Die Rote Bete, die Pastinaken und den Kürbis in einen zweiten, großen Bräter geben. Das Gemüse im großen Bräter mit dem Olivenöl beträufeln, die Kräuter dazugeben und alles mit Salz und Pfeffer würzen. Beide Bräter in den Ofen schieben und 25–30 Minuten schmoren; dabei mehrmals umrühren, damit das Gemüse gleichmäßig gart. Anschließend beiseitestellen.

In der Küche das Mehl für die „Kröte", die Eier und die Milch mit einem Schneebesen verrühren, mit Salz und Pfeffer würzen und beiseitestellen.

Die Würste in einem 23–25 cm großen Bräter mit hohen Seiten legen, mit dem Öl beträufeln und darin wenden, sodass sie ganz bedeckt sind. Anschließend Teig und Würste zum Ofen bringen, damit beides parat steht.

Die Zwiebeln aus dem Ofen nehmen, an ihren Platz die Würste stellen und die Würste 10 Minuten braten. Das Gemüse bleibt währenddessen im Ofen.

In der Zwischenzeit die Sauce zubereiten. Dafür den Bräter mit den Zwiebeln bei mittlerer Hitze auf den Herd stellen. Erst das Mehl für die Sauce sorgfältig einrühren, dann langsam mit der Brühe aufgießen. Unter ständigem Rühren köcheln, bis die Sauce einzudicken beginnt. Nun Wein und ggf. Marmite unterrühren und einige Minuten köcheln. Die Sauce dann bei sehr niedriger Hitze warm halten.

Die Würste nach 10 Minuten aus dem Ofen nehmen und mithilfe einer Grillzange in eine Schüssel legen. Sie sind noch nicht besonders braun, aber keine Sorge! Nun die Temperatur des Ofenbodens prüfen; eventuell ist der Ofen zu sehr abgekühlt. In diesem Fall das Gemüse ebenfalls herausholen und die Glut mit der Metallschaufel auf die andere Seite des Ofens schieben. Jetzt die Temperatur an der Stelle prüfen, an der die Glut lag: Sie sollte idealerweise 250 °C betragen. Das Gemüse und den leeren Wurstbräter wieder in den Ofen stellen. Der Wurstbräter kommt an die heißere Stelle, da sich das restliche Öl darin sehr stark erhitzen soll.

Den leeren Bräter nach einigen Minuten wieder herausholen und schnell den Teig hineingießen. Der Teig sollte zischen, wenn er auf das heiße Öl trifft.

Nun rasch die Würste darauf legen und den Bräter so schnell wie möglich wieder in den Ofen stellen. Die Tür schließen bzw. sie angelehnt lassen, falls noch Flammen zu sehen sind, und die „Kröte" 25–30 Minuten braten – der Teig sollte sich aufgebläht haben und wunderbar goldbraun sein, während das Gemüse innen weich und außen knusprig sein sollte.

Sofort servieren und dazu das Gemüse, die Sauce und, je nach Geschmack, einen Klecks Senf reichen.

PLATTES HÄHNCHEN MIT AROMABUTTER

Indem Sie ein Hähnchen „plätten" wird aus einem eher rundlichen Tier ein flaches, gleichmäßig dickes, das nicht nur schneller gart, sondern auch knuspriger wird, als ein übliches Brathähnchen. Im Englischen nennt man diese Technik „spatchcocking" oder „butterflying" und sie ist eigentlich ganz einfach auszuführen. Sie benötigt allerdings ein wenig Vorbereitung, aber glauben Sie mir, es ist die Mühe wert. Lassen Sie Ihren inneren Neandertaler frei und machen Sie sich an die Arbeit.

ETWA 250 °C
ERGIBT ETWA 4–6 PORTIONEN

1,8–2 kg Hähnchen (im Ganzen)

Für die Butter
75 g weiche Butter
2 Knoblauchzehen, zerdrückt
Salz und frisch gemahlener schwarzer Pfeffer

Wählen Sie eine der folgenden Würzungen:

- **Estragon und Petersilie**

2 EL frische Estragonblätter
2 EL frische Petersilie

- **Harissa**

1–2 EL Harissa (entweder die Gewürzmischung oder die fertige Paste)

- **Fenchel und Zitrone**

1 EL Fenchelsamen, zerdrückt
fein abgeriebene Zesten von 1 Zitrone

Für dieses Brathähnchen benötigen Sie eine Temperatur von etwa 250 °C. Sollte der Ofen kühler sein, dauert es ggf. etwas länger, ist er zu heiß, muss das Hähnchen gegen Ende der Garzeit mit Alufolie abgedeckt werden.

Zuerst das Hähnchen mit der Brust nach unten auf die Arbeitsfläche legen und mit einer Geflügelschere entlang einer Seite des Rückgrats schneiden (ggf. die Hände zur Hilfe nehmen, falls es an einer Stelle hakt). Dann entlang der anderen Seite des Rückgrats schneiden und dieses sauber heraustrennen (den Knochen nach Bedarf für eine Brühe aufheben, siehe S. 182). Nun das Hähnchen mit der Brust nach oben auf die Arbeitsplatte legen und mit der Handfläche kräftig nach unten drücken, sodass es flach liegt.

Mit den Fingern vorsichtig die Haut an Brust und Keulen lösen aber nicht abziehen! Die Keulen und Flügel etwas platt drücken, sodass das Hähnchen eine ebene Fläche bildet. Anschließend das Hähnchen in einen Bräter legen und die Hände und Arbeitsfläche mit heißem Wasser und Seife sorgfältig reinigen.

Für die Aromabutter die weiche Butter mit dem Knoblauch, etwas Salz, Pfeffer und der gewählten Würzung verrühren. Nun mit einem Teelöffel die Buttermischung großzügig unter der Haut des Hähnchens verteilen – etwa 1 gehäufter TL pro Keule und Brustseite. Anschließend mit den Fingern die Butter so weit wie möglich unter die Haut schieben und dabei weiter verteilen und einmassieren. Mit dem Rest der Mischung das Hähnchen außen einreiben und dann wieder gründlich die Hände waschen.

Das Hähnchen kräftig mit Salz und Pfeffer würzen und mit der Brust nach unten in den Bräter legen. Bis zur Verwendung im Kühlschrank kalt stellen. Bis zu diesem Punkt kann das Ganze 24 Stunden im Voraus vorbereitet werden.

Sobald der Ofen die richtige Temperatur hat, den Bräter mit dem Hähnchen hineinschieben und etwa 45 Minuten braten. Den Bräter dabei mehrmals drehen, damit das Fleisch gleichmäßig gart. Anschließend aus dem Ofen nehmen, das Hähnchen umdrehen und mit der Brustseite nach oben weitere 45–55 Minuten garen, bis es ganz durchgegart (ab einer Kerntemperatur von 75 °C) und sehr knusprig ist. Das Fleischthermometer an der dicksten Stelle in das Fleisch stechen und die Kerntemperatur vorsichtshalber noch an anderen Stellen prüfen.

Das Hähnchen anschließend 10 Minuten ruhen lassen, dann aufschneiden, mit dem ausgetretenen Bratensaft übergießen und sofort servieren. Dazu eine Beilage nach Wahl reichen.

MIGAS MIT TOMATEN, CHORIZO UND GEBACKENEN EIERN

Migas, auf Deutsch „Krümel“, ist ein traditionelles spanisches Frühstück aus knusprig gebratenem, altbackenem Brot, das in letzter Zeit sehr in Mode gekommen ist. So wie Paella ist es jedoch ein Gericht, das regional heiß umkämpft ist, weil jeder der Ansicht ist, dass nur seine Großmutter das richtige Rezept besäße. Das Kulturerbe eines Gerichtes ist natürlich wichtig und faszinierend – ich bereite es jedoch in erster Linie zu, um Reste zu verbrauchen und greife dabei gerne auf Zutaten aus allen möglichen Kulturen zurück. Schließlich sind wir Briten doch eine Art kulinarische Elstern. Dies ist also meine Migas-Variante, die wenig authentisch dafür aber sehr lecker, einfach und anpassungsfähig ist.

240–250 °C
ERGIBT 2 GROSSZÜGIGE PORTIONEN ALS KRÄFTIGE VORSPEISE ODER LUNCH

200 g altbackenes Brot, in 2 cm großen Würfeln (das Brot auf S. 97 eignet sich gut)
2–3 Knoblauchzehen, geschält und grob gehackt
3 Zweige frischer Rosmarin, die Nadeln abgezupft
Salz und frisch gemahlener schwarzer Pfeffer
2 EL Olivenöl
ca. 110 g scharfe Chorizo, in 1 cm dicken Scheiben
6 mittelgroße Strauchtomaten, grob geschnitten
½ TL geräuchertes Paprikapulver
2–4 große Eier, je nach Hunger
eine Handvoll glattblättrige Petersilie, grob gehackt

Für dieses Gericht benötigen Sie einen schön heißen Ofen (240–250 °C) mit ein paar Flammen.

Die Brotwürfel in eine Schüssel geben, mit 3 EL kaltem Wasser beträufeln und mischen. Den Knoblauch, den Rosmarin und eine kräftige Prise Salz und Pfeffer dazugeben. Nun 30–60 Minuten beiseitestellen, bis das Brot etwas aufgeweicht ist.

Sobald der Ofen heiß und das Brot aufgeweicht ist, einen Schuss Olivenöl in eine feuerfeste Pfanne (ohne Plastikgriff!) geben. Die Chorizoscheiben hinzufügen, das Ganze in den Ofen schieben und 6–8 Minuten braten, bis die Wurst an den Rändern knusprig wird. Das Brot dazugeben, alles sorgfältig mischen und weitere 10 Minuten braten, bis das Brot außen schön knusprig ist. Dabei 1–2-mal umrühren und die Pfanne mehrmals wenden, damit die Migas gleichmäßig garen.

Nun die Tomaten und das geräucherte Paprikapulver dazugeben und 5 Minuten braten. Zu guter Letzt Vertiefungen in die Masse drücken und je ein Ei hineinschlagen. Die Eier mit Salz und Pfeffer würzen und die Pfanne wieder in den Ofen schieben. Solange braten, bis die Eier die gewünschte Konsistenz haben (nach 5 Minuten ist das Eiweiß recht fest, das Eigelb aber noch sehr flüssig).

Mit Petersilie bestreuen und sofort servieren.

WEITERE ALTERNATIVEN ...

- Als vegetarische Version die Chorizo durch sorgfältig abgetropfte und abgespülte Limabohnen ersetzen. Dazu etwas mehr Paprikapulver und Öl verwenden, um das Fett aus der Wurst zu ersetzen.
- Anstatt der Chorizo eine Zwiebel in Scheiben schneiden und braten, bis sie weich und leicht karamellisiert ist. Auch hier etwas mehr Öl verwenden. Ganz zum Schluss Räucherlachsstreifen hinzugeben, die nur kurz erwärmt werden, während die Eier garen.
- Anstatt der Tomaten (oder zusätzlich) eine Handvoll Blattspinat verwenden.
- Die Chorizo durch geräucherten Speck oder Schinken ersetzen.

GEBRATENE PORTOBELLO-CHAMPIGNONS MIT STILTON UND WALNÜSSEN

Große, flache, saftige Pilze sind wie für den Holzofen gemacht und im Handumdrehen fertig. Zudem können Sie sie mit allem möglichen füllen und so rasch eine vegetarische Köstlichkeit zaubern. Hier finden Sie eine klassische Kombination mit Blauschimmelkäse und Walnüssen. Weiter unten erhalten Sie noch mehr Anregungen; im Grunde können Sie aber alles verwenden, was Ihnen gefällt. Das Rezept eignet sich perfekt dazu, die ganzen Reste aus dem Kühlschrank endlich einmal aufzubrauchen.

230–250 °C
ERGIBT 2 PORTIONEN ALS HAUPTGERICHT ODER 4 ALS BEILAGE

250 g (ca. 4 große) Portobello-Champignons
75 g Walnüsse, fein gehackt
eine kleine Handvoll frischer, glattblättriger Petersilie, fein gehackt
1 Knoblauchzehe, zerdrückt
1 TL Dijonsenf
Salz und frisch gemahlener schwarzer Pfeffer
100 g Stilton, zerbröselt
1 EL Olivenöl

Bei diesem Rezept ist die Temperatur sehr variabel, 230–250 °C sind jedoch ideal.

Die Stängel der Champignons herausbrechen, klein schneiden und in eine kleine Schüssel geben. Sorgfältig mit den Walnüssen, der Petersilie, dem Knoblauch und dem Senf mischen und mit Salz und Pfeffer abschmecken.

Die Pilzkappen eng nebeneinander in einen kleinen Bräter legen. Die Füllung hineingeben und leicht andrücken. Mit dem Stilton bestreuen und etwas Olivenöl darüberträufeln. Bis zur Verwendung im Kühlschrank aufbewahren.

Sobald alles bereit ist, den Bräter in den Ofen schieben. Die Temperatur ist hier nicht ausschlaggebend – bei 230–250 °C sind die Pilze in weniger als 15 Minuten gar. Ist die Temperatur niedriger, dauert es eben etwas länger. Ist das Feuer aber nicht heiß genug, um die Pilze bräunen, den Bräter einfach näher an die Glut schieben und 1–2 Mal umdrehen, damit sie gleichmäßig garen.

NOCH ETWAS ...

- Falls noch ein paar gebratene Kirschtomaten oder Paprika (siehe S. 37) übrig sind, diese grob hacken und zur Füllung geben.
- Die Petersilie durch Estragon ersetzen oder ein Prise Chiliflocken hinzugeben.
- Anstatt des Olivenöls etwas Sahne verwenden, wenn es ganz besonders luxuriös werden soll.
- Den Stilton durch einen anderen Käse ersetzen, z. B. Brie, Camembert oder Taleggio, die wunderbar zerlaufen. Gut schmecken auch Parmesan, Cheddar oder Feta.
- Ein paar Löffel gekochte Bohnen oder Linsen erhöhen den Proteingehalt.
- Einige Stücke in Olivenöl getränktes Brot auf die Pilze geben.

GEBRATENES SCHWEINEFLEISCH BALINESISCHER ART MIT KOKOSREIS

Dieses auf der balinesischen Spezialität Babi Guling basierende Gericht eignet sich perfekt als Sonntagsbraten mit einem bunten Gewürzakzent. Es wird normalerweise aus einem ganzen Spanferkel zubereitet, aber praktischerweise verwende ich lieber eine Keule mit Knochen (Sie können auch ein Stück Schweineschulter mit Knochen nehmen). Der Kokosreis ist ganz simpel – einfach nur mischen, einweichen und zum Fleisch servieren. Er passt übrigens auch sehr gut zu den Lammspießen auf S. 58.

240–260 °C
ERGIBT 6 PORTIONEN

2 kg Schweinekeule oder -schulter mit Knochen, Schwarte eingeritzt
Fleur de Sel

Für die Gewürzpaste
2 EL Koriandersamen
5 Echalion (Bananen-Schalotten), grob gehackt
5 große Knoblauchzehen, grob gehackt
50 g frische Kurkuma, grob gehackt
40 g frischer Ingwer, grob gehackt
40 g Galgant (oder mehr Ingwer), grob gehackt
6 frische oder gefrorene Kaffir-Limettenblätter, Mittelrippe entfernt
2 Stängel Zitronengras, äußere Blätter entfernt, grob gehackt
4–6 Birdeye-Chilis (nach Geschmack)
2 EL Fischsauce
1 EL Pflanzenöl

Für den Kokosreis
350 g Basmatireis
400 ml Kokosmilch
300 ml Wasser
½ TL Salz

Der Ofen sollte eine Temperatur von 240–260 °C und ein paar Flammen haben, damit sich eine schöne Kruste bilden kann. Am besten heizen Sie den Ofen kräftig vor und lassen ihn dann herunterkühlen bis Sie ein schönes Glutbett haben. Die Flammen erzeugen Sie mit Kienspänen, die recht schnell verbrennen, sodass die Keule anschließend in der Glut weiter gegart wird.

Die Koriandersamen bei mittlerer Hitze in einer trockenen Pfanne einige Minuten rösten. Sobald Sie aromatisch zu duften beginnen, in einen Mörser geben und mit dem Stößel zu einem groben Pulver zerreiben. Das Pulver zusammen mit den restlichen Zutaten für die Gewürzpaste, bis auf das Öl, in einen Mixer geben und glatt pürieren.

Das Öl bei mittlerer Hitze in der Pfanne erhitzen. Die Gewürzpaste in die Pfanne geben und unter ständigem Rühren 10 Minuten braten, bis sie stark duftet. Das Ganze dann in eine kleine Schüssel löffeln und vollständig abkühlen lassen.

Das Schweinefleisch rundherum sorgfältig mit der kalten Paste einreiben, die Schwarte aber auslassen! Anschließend in einen kleinen Bräter legen und offen – damit die Haut austrocknet – über Nacht oder, noch besser, 24 Stunden im Kühlschrank ziehen lassen.

Sobald es losgehen kann, den Ofen entsprechend vorheizen. Zum Aufflammen etwas Kleinholz hineinlegen und dem Feuer nach Bedarf mit dem Kupferrohr etwas Luft zuführen (siehe S. 11 für Tipps zum Feuermanagement).

Die Haut des Schweinefleischs großzügig mit Fleur de Sel bestreuen und den Bräter dann in den Ofen schieben, möglichst nah an die Flammen. Etwa 30 Minuten braten und den Bräter dabei alle 10 Minuten drehen, damit die Schwarte gleichmäßig knusprig wird. Anschließend locker mit einer doppelten Schicht Alufolie abdecken, damit das Fleisch nicht zu sehr bräunt und in einen kühleren Bereich des Ofens schieben – 180–200 °C sind ideal. Weitere 2 ½ Stunden schmoren, bis das Fleisch durchgegart ist. Die Kerntemperatur sollte in der Mitte 75 °C betragen. Das Fleisch dann aus dem Ofen nehmen und 10–15 Minuten ruhen lassen.

Sobald das Fleisch mit der Folie abgedeckt wurde, den Reis ansetzen. Dazu alle Zutaten in eine feuerfeste Schüssel geben, gut umrühren und mit einem fest schließenden Deckel zudecken. 1 Stunde einweichen lassen, dann neben das Fleisch in den Ofen schieben und etwa 45 Minuten backen. Die Schüssel aus dem Ofen holen, prüfen, ob der Reis gar ist und dann ein sauberes Küchenhandtuch zwischen Schüssel und Deckel legen, das den Dampf aufnimmt. Beiseitestellen und ruhen lassen. Auf diese Weise bleibt der Reis problemlos 30 Minuten und länger heiß.

GEBRATENE CHILI-ANANAS MIT KOKOSSAHNE

Eine ganze gebratene Ananas ist schon ziemlich beeindruckend, besonders wenn Sie den Schopf nicht abschneiden und dieser dann recht spektakulär verbrennt. Die Frucht selbst wird durch Zucker, der mit Chili und einem Schuss Rum versetzt wird karamellisiert, während dieser zu einem goldbraunen Sirup einkocht.

240–250 °C
ERGIBT 4–6 PORTIONEN

250 ml Kokossahne, über Nacht gekühlt
1 EL Puderzucker
1 reife Ananas
5 EL dunkler Rohrzucker
2 TL Chiliflocken (nach Geschmack)
2 EL goldbrauner Rum (optional)

Der Ofen muss für dieses Rezept eine gleichmäßige Brattemperatur haben, mit ein paar Flammen und einem dichten Glutbett.

Die gekühlte Kokossahne mit dem Puderzucker in eine Schüssel geben und mit einem Handrührgerät steif schlagen. Das Ganze funktioniert auch mit dem Schneebesen, ist aber ziemlich anstrengend! Die Sahne in eine Servierschüssel füllen und kalt stellen. Sie kann mehrere Stunden im Voraus zubereitet werden.

Von der Ananas die Ober- und Unterseite abschneiden; die Oberseite kann für einen coolen Look aber auch erhalten bleiben. Anschließend auf die Arbeitsfläche stellen und mit einem scharfen Messer die Schale abschneiden. Übrig bleiben eine Menge unschöner „Augen", die wir nicht essen wollen. Sieht man genau hin, erkennt man, dass die Augen spiralförmig um die ganze Frucht herum verlaufen. Die Ananas auf die Seite legen und mit einem kleinen scharfen Messer einen v-förmigen Graben entlang einer Reihe Augen schneiden und diese reihenweise entfernen. Anschließend drehen und die nächste Reihe entfernen, bis alle Augen herausgeschnitten sind.

Den Zucker und die Chiliflocken in einer kleinen Schüssel mischen und diese Mischung mit den Fingern in die spiralförmigen Vertiefungen rund um die Ananas drücken. Sobald das erledigt ist, die Ananas aufrecht in einen kleinen Bräter stellen und in den heißen Ofen schieben. Nun mit dem Rum übergießen, falls dieser verwendet wird.

Die Ananas 20–25 Minuten mit offener Ofentür braten und dabei regelmäßig drehen. Alle 5 Minuten mit dem austretenden, sirupartigen Saft bepinseln.

Wurde die Ananas mit Schopf gebraten, diesen vor dem Servieren abschneiden. Die restliche Frucht in Spalten schneiden und warm mit der gekühlten Kokossahne servieren.

GESCHMORTES STEINOBST – VIER VARIANTEN

Steinobst – Pflaumen, Pfirsiche, Nektarinen, Renekloden, Aprikosen – eignet sich großartig zum Schmoren im Holzofen. Ich würde nicht extra ein Feuer dafür anzünden, aber wenn der Ofen sowieso läuft, habe ich so etwas immer zur Hand, um das vorhandene Feuer bestmöglich auszunutzen. Ich finde es fantastisch, wenn ich am nächsten Tag zum Frühstück geschmorte Früchte im Kühlschrank vorfinde, die ich z. B. zu meinem griechischen Joghurt essen kann. Die Ofentemperatur ist bei diesen Rezepten nicht entscheidend; ist das Feuer etwas kühler, dauert es eben ein bisschen länger. Ist es dagegen schön heiß, karamellisieren die Ränder der Früchte wunderbar, was ihr Aroma enorm intensiviert.

230–250 °C
ERGIBT 4–6 PORTIONEN ZUM FRÜHSTÜCK

Im Folgenden finden Sie meine Favoriten. Jedes Rezept ergibt eine volle Schüssel, ausreichend für 4–6 Portionen.

GESCHMORTE HONIG-APRIKOSEN

500–600 g reife, frische Aprikosen halbieren und die Steine entfernen. Lassen sich diese schwer entfernen, einen Löffel zur Hilfe nehmen. Die Aprikosenhälften dicht nebeneinander in einen kleinen Bräter legen. Den Saft von ½ Zitrone darüber auspressen und das Ganze dann mit einigen Löffeln flüssigem Honig beträufeln. In den heißen Ofen schieben (230–250 °C) und 15–20 Minuten schmoren. Auf Zimmertemperatur abkühlen lassen, dann kalt stellen.

ZIMT-ORANGEN-PFLAUMEN

Die Aprikosen gegen Pflaumen und den Zitronensaft gegen Orangensaft und abgeriebene Orangenschale austauschen. Mit einigen Löffeln Zucker und einer kräftigen Prise Zimt bestreuen.

PFIRSICHE (ODER NEKTARINEN) MIT AMARETTO UND LIMETTE

Pfirsiche oder Nektarinen vierteln. Mit einem kräftigen Schluck Amaretto übergießen und den Saft sowie die abgeriebenen Zesten einer großen Limette dazugeben. Zucker ist vermutlich nicht notwendig, aber wenn Sie es sehr süß mögen, einige Löffel voll darüberstreuen.

RENEKLODEN MIT EINGELEGTEM INGWER

Die Renekloden wie die anderen Früchte vorbereiten. Drei oder vier Stücke eingelegten Ingwers grob hacken, über die Früchte geben und anschließend mit etwas Sirup aus dem Ingwerglas übergießen.

HOLZOFEN-PAELLA MIT SEETEUFEL UND MANGOLD

Echte Paella wird immer im Freien über einem Holzfeuer zubereitet, daher ist sie der perfekte Kandidat für unseren Holzofen. Der köstlichste Teil dieses Gerichtes ist der am Boden festgebackene, leicht karamellisierte Reis, deshalb müssen Sie alles tun, was möglich ist, damit Sie davon recht viel bekommen.

230–250 °C
ERGIBT 6 PORTIONEN

1 Prise Safranfäden
3 EL Olivenöl
2 Zwiebeln, gewürfelt
2 rote Paprikaschoten, gewürfelt
3 große Strauchtomaten, fein gehackt
3 Knoblauchzehen, fein gehackt
1–2 TL geräuchertes Paprikapulver
200 ml trockener Sherry (ich verwende gerne einen schweren, trockenen Oloroso)
400 g Paellareis
1 l Fischbrühe
500 g Mangold
500 g Seeteufelfilet, in 3–4 cm großen Stücken
Salz und frisch gemahlener schwarzer Pfeffer

Zum Servieren
1 kleiner Bund glattblättrige Petersilie
1 Zitrone, in Spalten

NOCH ETWAS ...

- Den Mangold durch Seespargel, Spinat oder Erbsen ersetzen.
- Einen anderen festen Fisch anstelle des Meerteufels verwenden. Lachs oder Schellfisch sind zwar nicht traditionell, eignen sich aber prima.
- Den Sherry durch trockenen Weißwein ersetzen.
- Zusammen mit Zwiebeln und Paprika etwas fein gewürfelte Chorizo dazugeben.

Für die Paella sollte der Ofen 230–250 °C heiß sein, mit ein paar flackernden Flammen und reichlich Glut. Das Feuer an einer Seite des Ofens bauen und dieses, sobald der Reis in der Pfanne ist, mit der Metallschaufel auf die andere Seite schieben. Die Pfanne dann auf den heißen Fleck stellen. Dadurch erhält die Paella die authentische, aber manchmal so schwer zu erzielende goldene Kruste am Boden. Erscheint der Ofen nicht heiß genug, in der Mitte des Ofens ein Glutbett anhäufen und die Pfanne für die letzten 10–15 Minuten der Garzeit direkt obenauf stellen.

Den Safran in eine kleine, feuerfeste Schüssel geben, mit 1–2 EL kochendem Wasser übergießen und beiseitestellen.

Das Öl in eine große (30–35 cm) Pfanne (noch besser eine richtige Paellapfanne) mit dickem Boden gießen und eine Minute im heißen Ofen erhitzen. Zwiebeln und Paprika dazugeben, wieder in den Ofen schieben und gut 20 Minuten schmoren, dabei mehrmals umrühren.

Die Tomaten, den Knoblauch, das geräucherte Paprikapulver und kräftig Salz und Pfeffer dazugeben, umrühren und alles weitere 10 Minuten schmoren. Nun mit dem Sherry und dem Safranwasser aufgießen. Sorgfältig umrühren und 10 Minuten in den Ofen schieben, bis der Sherry eingekocht ist.

Die Pfanne aus dem Ofen holen, den Reis unterrühren, alles mit der Fischbrühe aufgießen und erneut umrühren. Die Pfanne nun locker mit Alufolie abdecken. Das Feuer wie zuvor beschrieben umarrangieren und die Pfanne dann wieder auf den heißen Fleck stellen. Etwa 20 Minuten garen.

In der Zwischenzeit auf dem Herd einen großen Topf mit Salzwasser aufkochen. Die Mangoldstängel in 4–5 cm große Stücke und die Blätter quer in 1 cm große Streifen schneiden. Die Mangoldstängel im Salzwasser 3 Minuten blanchieren, dann die Blätter dazugeben und 1 weitere Minute kochen. Anschließend gut abtropfen lassen und kalt abspülen, damit der Garprozess gestoppt wird.

Das restliche Wasser ausdrücken und den Mangold dann bereitlegen.

Nachdem der Reis 20 Minuten gegart wurde die Pfanne aus dem Ofen holen und die Temperatur überprüfen. Scheint der Reis nicht ausreichend Hitze zu bekommen, ein Glutbett wie zuvor beschrieben in der Mitte des Ofens einrichten.

Den Seeteufel gleichmäßig auf dem Reis verteilen und vorsichtig hineindrücken aber nicht unterrühren, da sonst der Karamellisierungsprozess gestört wird. Den blanchierten Mangold darüberstreuen. Die Pfanne wieder locker mit Alufolie bedecken und direkt auf die Glut stellen. Weitere 10–15 Minuten garen, bis der Fisch glasig und gerade gar ist. Die Paella großzügig mit Petersilie bestreuen und zum Servieren rund herum einige Zitronenspalten hineinstecken.

GEBACKENE KRÄUTER-FRIKADELLEN MIT SPARGEL

Dies ist die Art Gericht, wie ich sie oft koche, weil es sowohl bei Kindern als auch bei Erwachsenen gleichermaßen beliebt ist. In Milch eingeweichtes Brot als Grundlage für Frikadellen zu verwenden, erscheint erst einmal seltsam, wird in Italien aber häufig so gemacht und sorgt für leichte, zarte Frikadellen anstatt schwerer, zäher Fleischklopse. Das Rezept ist an sich nicht schwierig, umfasst aber einige Punkte, an denen Sie die Pfanne aus dem Ofen holen und wieder hineinschieben müssen. Es ist ein perfektes Gericht für einen lauen Sommerabend, an dem es einfach nur Spaß macht, im Garten zu sitzen, als Herrscher über das Feuer, mit einem leckeren Glas Wein in der Hand.

230–250 °C
ERGIBT 4 PORTIONEN

2 EL Olivenöl
1 Zwiebel, fein gehackt
2 Knoblauchzehen, fein gehackt
500 ml passierte Tomaten
400 g gehackte Tomaten aus der Dose
1 TL Puderzucker
1 TL geräuchertes Paprikapulver (optional)
1 Bund Spargel, geschält und halbiert
250 g Mozzarella, in 3 cm großen Stücken
25–50 g Parmesan, frisch gerieben (nach Geschmack)

knuspriges Brot zum Servieren

Für die Frikadellen
125 g altbackenes Brot
75 ml Milch
1 Zwiebel, grob gehackt
2 Knoblauchzehen, grob gehackt
je eine große Handvoll glattblättrige Petersilie und Basilikum, grob gehackt
500 g Schweinehack
1 Ei
Salz und frisch gemahlener schwarzer Pfeffer

Das Brot für die Frikadellen grob zerrupfen und dann in eine Küchenmaschine geben. Zu Brotkrümeln verarbeiten und in einen Schüssel schütten. Mit der Milch übergießen, sorgfältig umrühren und 10 Minuten beiseitestellen, sodass die Milch vom Brot aufgesogen wird.

Die Zwiebel, den Knoblauch, die Petersilie und das Basilikum in die Küchenmaschine geben und zu einem Brei zerkleinern. Das Ganze über die Brotkrümel geben und sorgfältig verrühren. Anschließend das Schweinefleisch und die Eier dazugeben und alles kräftig mit Salz und Pfeffer würzen. Die Masse mit sauberen Händen – die besten Werkzeuge hierfür – durchkneten und walnussgroße Kugeln daraus formen. Auf einem großen Teller mit Frischhaltefolie zudecken und bis zur Verwendung im Kühlschrank aufbewahren. Die Frikadellen können bis zu einem Tag im Voraus zubereitet werden.

Das Öl und die Zwiebeln in eine große Pfanne (30–35 cm sind ideal) oder einen tiefen Bräter geben. In den Ofen schieben und je nach Temperatur 10–15 Minuten braten, bis die Zwiebeln weich und leicht karamellisiert sind. Hin und wieder umrühren, damit sie gleichmäßig garen.

Den Knoblauch dazugeben und weitere 1–2 Minuten garen, dann die passierten und die gehackten Tomaten in die Pfanne geben und den Puderzucker sowie das geräucherte Paprikapulver unterrühren. Mit Salz und Pfeffer abschmecken, sorgfältig umrühren und 10 Minuten schmoren.

Die Pfanne aus dem Ofen holen und die Frikadellen auf die Sauce legen (kurz darin wälzen, damit sie rundherum bedeckt sind). Die Pfanne wieder 10 Minuten in den Ofen stellen. Anschließend herausholen, den Spargel darübergeben und leicht in die Sauce drücken. Zu guter Letzt alles mit dem Parmesan und dem Mozzarella bedecken. Weitere 10–15 Minuten backen.

Mit reichlich Brot heiß servieren.

NOCH ETWAS …

- Den Spargel durch grüne Bohnen ersetzen und diese zusammen mit den Frikadellen in den Ofen geben.
- Bei den Frikadellen selbst Basilikum und Petersilie z. B. durch Zitronenzesten und Thymian, Rosmarin oder Salbei ersetzen (weniger verwenden, da diese Kräuter viel intensiver sind) oder geräucherten Paprika unter den Fleischteig rühren.

3

BACKEN

180–250 °C

Das Brotbacken im Holzofen ist wahrlich keine neue Idee – schon die alten Griechen nutzten Öfen, die unseren heutigen erstaunlich ähnlich sehen – es ist jedoch eine Kunst, die reif für ein Comeback ist. In den meisten kommerziellen Bäckereien, selbst in den kleinen Familienbetrieben, kommen überwiegend Elektroöfen zum Einsatz. Es ist also an uns, den begeisterten Holzofenköchen, die Fahne für das Brot aus dem Holzofen hochzuhalten.

So wie die Pizza profitiert auch Brot von der intensiven Hitze eines Holzofens. Beim Backen stammt diese Hitze jedoch nicht direkt aus Flammen und Glut, sondern aus der Energie, die in den Wänden und dem Boden des Ofens gespeichert wird. Der ganze Ofen dient als Hitzebatterie, deshalb können wir wohl davon ausgehen, dass sich ein gut isolierter Ofen mit massiven Wänden und einem dicken Boden besser zum Backen eignet als einer mit dünnen Wänden. Das heißt natürlich nicht, dass Sie in einem schlechter isolierten Ofen nicht backen können, es ist aber einfacher, darin kleinere, flachere Backwaren zuzubereiten – Fladenbrot, Focaccia, Teigkugeln – als große, runde Brotlaibe.

In diesem Kapitel geht es aber nicht nur um das Brot, sondern um gebackene Gerichte ganz generell. Alles, was Sie im konventionellen Ofen backen können, können Sie auch im Holzofen zubereiten. Grundsätzlich nenne ich die Zubereitungsart, bei der wir weder Flammen benötigen noch direkt über der Glut garen, backen. In diesem Kapitel finden Sie also auch Rezepte für gebackene Desserts, Kuchen, Kekse und sogar ein Risotto.

VORHEIZEN DES OFENS

Das Feuermanagement ist beim Backen etwas anders als beim Braten oder der Zubereitung von Pizza. Beim Backen nutzen wir die abgeleitete Wärme anstelle der direkten Strahlungshitze der Flammen. Aus diesem Grund müssen Wände und Boden des Ofens sehr viel Hitze speichern, bevor wir anfangen können. Der grundsätzliche Aufbau des Feuer ist der gleiche, ob von oben nach unten oder anders herum (siehe S. 9), diesmal muss das Feuer aber länger im Ofen bleiben und mehr herumgeschoben werden, bevor Sie backen können. Das bedeutet einen größeren Zeitaufwand und mehr Feuermanagement als in den vorherigen Kapiteln. Sie sollten also durchaus darüber nachdenken, gleich größere Mengen zu backen bzw. mehrere Rezepte zur Hand zu haben, die Sie nacheinander backen können. Auf diese Weise lohnt sich der Aufwand wenigstens.

Sobald das Feuer eine gute Stunde in der Mitte des Ofens gebrannt hat, müssen Sie weitere 45–60 Minuten damit verbringen, es von einer Seite zur anderen und von vorne nach hinten zu schieben, damit alle Wände und der Boden reichlich Hitze speichern können. In dieser Zeit können Sie die ansteigende Hitze aber z. B. zum Braten oder Grillen nutzen – die Rezepte aus dem vorherigen Kapitel können Sie beispielsweise wunderbar in dieser Zeit zubereiten. Sollte das etwas länger dauern, ist es überhaupt kein Problem, denn je länger der Ofen zum Speichern der Hitze hat, desto besser wird später das Ergebnis beim Backen.

Sobald die Flammen heruntergebrannt sind und nur noch ein wenig Glut übrig ist, können Sie diese entweder aus dem Ofen holen und in einen Metalleimer schütten oder es wie ich machen und die Feuerreste mit der Metallschaufel ganz nach hinten schieben. Anschließend sollten Sie mit dem Kupferrohr rasch die Asche vom Boden pusten, falls Sie direkt darauf backen wollen.

Bei einigen Rezepten in diesem Kapitel, z. B. den Aloo Parathas auf S. 101 und dem herzhaften Shortbread auf S. 107, müssen Sie es mit den Regeln nicht so genau nehmen. Sie können sie einfach bei ansteigender Temperatur im Ofen backen, da sie sehr rasch fertig sind.

REGELN FÜR DEN TEIG

Beim Backen ist Dampf eine feine Sache. Dampf und Hitze fördern die „Ofengärung“, das heißt, Gasbläschen verteilen sich rasch im Teig und sorgen für eine leichte, luftige Konsistenz und eine knusprige Kruste. In kommerziellen Brotöfen wird Dampf künstlich hinzugeführt, im Herd Zuhause können Sie z. B. kochendes Wasser auf ein heißes Backblech gießen. Das können Sie auch beim Holzofen probieren, ich finde aber, der Dampf wird zu schnell von der Masse des Ofens geschluckt und verschwindet im Handumdrehen. Auf eines will ich zudem noch unbedingt hinweisen: Sprühen Sie niemals – niemals! – Wasser direkt auf den Boden des Ofens, sonst besteht die Gefahr der Rissbildung.

Ich finde es also wesentlich effektiver, mehr Dampf im Teig selbst zu produzieren, indem ich den Feuchtigkeitsgehalt darin auf 70–75 % erhöhe. Ein feuchterer Teig führt auf natürliche Weise zu einer effizienteren Ofengärung. Auch das Rehydrieren des Mehls ist eine große Hilfe, deshalb beginnt das Alltagsbrot auf S. 97 auch mit einem sehr feuchten „Schwammteig", den wir lange und langsam gehen lassen.

Wie schon der Pizzateig auf S. 20 wurden auch die meisten meiner Brotteige von der Backlegende Dan Lepard inspiriert, der mir zeigte, wie man sagenhaftes Brot fast ganz ohne Kneten bäckt. Sie müssen allerdings dem Prozess vertrauen – zunächst haben Sie nämlich einen sehr groben, klumpigen Teig, der nicht so aussieht, als könnte daraus jemals wundervolles Brot werden.

Nach jedem 10-Sekunden-Kneten sieht der Teig besser aus und wenn er erst einmal gegangen ist, ist er wunderbar weich, glatt und glänzend. Dank Dan muss ich kaum noch Brotteig kneten.

BACKAUSRÜSTUNG

Eine Holz- und eine Metallschaufel sind wichtig für das Backen, denn wie bei der Pizza schieben wir das Brot mit der Holzschaufel in den Ofen und mit der Metallschaufel holen wir den fertigen Laib wieder heraus. Ein Blasrohr aus Kupfer dient zum vorsichtigen Entfernen der Asche und vereinfacht die Luftzufuhr zum Feuer (siehe S. 11 f. für Ausrüstung und grundsätzliches Feuermanagement).

Wie oben bereits erwähnt ist guter Teig recht feucht, deshalb empfehle ich die Anschaffung einiger spezieller Teigwerkzeuge. Ein Teigschneider aus Metall vereinfacht das Zerteilen des Teiges – bestäuben Sie ihn vor der Verwendung einfach mit etwas Mehl, damit nichts daran kleben bleibt. Es ist auch das beste Gerät zur Entfernung festklebender Teigreste auf der Arbeitsfläche. Ein fester, nierenförmiger Teigschaber aus Kunststoff ist extrem hilfreich, will man den aufgegangenen Teig sanft auf die Arbeitsfläche befördern, zudem eignet er sich wunderbar zum Auskratzen der Schüssel.

Für all die anderen Backrezepte in diesem Kapitel (die Scones, Kekse, Crumbles, Kuchen und die herzhaften Sachen) gilt das Gleiche, wie für die Ausrüstung im vorherigen Kapitel: Sie können alles aus Ihrer Küche verwenden, solange es feuerfeste Henkel hat. Da wir hier nicht mit starker, direkter Hitze arbeiten, können Sie auch robuste Keramik wie Terrakotta oder Steingut einsetzen.

TÜR AUF ODER TÜR ZU?

Bei den meisten Rezepten in diesem Kapitel halten Sie die Tür lieber geschlossen. Da Sie ja nicht mit offener Flamme kochen, macht dem Ofen ein Sauerstoffentzug nichts aus (siehe S. 8–9 zum Feuermanagement). Backen bei geschlossener Tür bedeutet eine gleichmäßigere Temperaturverteilung im Ofen, mit weniger heißen und kalten Flecken.

BACKEN OHNE VS. BACKEN MIT BACKBLECH

Im Pizzakapitel habe ich das „nackte" Backen, also das Backen direkt auf dem Ofenboden bereits angesprochen. Für einen Laib Brot ist es ebenfalls ideal geeignet. In der Praxis ist es aber häufig einfacher, den Laib auf einem Backblech zu formen und dieses dann in den Ofen zu schieben, besonders wenn es Extrazutaten wie Käse enthält, da diese Brote nicht einfach von der Holzschaufel rutschen würden.

Für das Backen auf dem Ofenboden benötigt man ein gewisses Selbstbewusstsein und auch ein bisschen Mut, deshalb ist es völlig in Ordnung, wenn Sie am Anfang ein Backblech verwenden, während Sie Ihre Fähigkeiten als Holzofenbäcker schulen. Wenn Sie aber auf dem Boden backen wollen, ist das Kupferrohr zum sanften Wegpusten der Asche Ihr bester Freund.

EINFACHER TEIG UND DREI DINGE, DIE MAN DARAUS ZUBEREITEN KANN

Dieser simple Teig wird nur wenig geknetet und startet als „Schwamm", eine sehr feuchte Teigmischung, die lange und langsam gehen darf, damit die Hefe in aller Ruhe ihre Arbeit verrichten kann. Ich greife immer wieder zu diesem einfachen Brotrezept und wenn der Teig fertig gegangen ist, können Sie daraus verschiedene praktische Backwaren herstellen. Hier sind die drei Rezepte, in die ich meine Schüssel Teig am häufigsten verwandle; Sie können daraus aber machen, was Sie wollen.

800 g weißes Brotmehl oder eine Mischung (50:50 weißes und Vollkornmehl)
2 TL Instanthefe
550 ml lauwarmes Wasser
2 TL Speisesalz
2 EL Olivenöl + extra Öl zum Kneten

400 g des Mehls in eine große Rührschüssel geben, die Hefe darüberstreuen und alles sorgfältig verrühren. Anschließend das warme Wasser hinzugeben und rühren, bis ein weicher, feuchter Teig entsteht. Zugedeckt auf der Arbeitsfläche mindestens 3 Stunden, idealerweise aber über Nacht im Kühlschrank gehen lassen.

Sobald es weiter gehen kann, die zweite Hälfte Mehl zusammen mit dem Salz und dem Olivenöl unterrühren. Das Ganze mit den Händen sanft zu einem klumpigen Teig ohne Mehlreste verarbeiten. Der Teig – und Ihre Hände – werden sehr klebrig sein; die Teigreste einfach bestmöglich abkratzen und vorsichtig einarbeiten. Anschließend zugedeckt 10 Minuten ruhen lassen.

Die Arbeitsfläche leicht einölen und den Teig aus der Schüssel so gut es geht herauskratzen. Dann etwas Öl in die Schüssel geben und rundherum einreiben. Auch etwas Öl in den Händen verteilen. Den Teig nur 10 Sekunden lang mit den Handflächen sanft ziehen und schieben. Er wird immer noch sehr klebrig, klumpig und ungleichmäßig aussehen. Wieder in die Schüssel geben und zugedeckt 10 Minuten stehen lassen. Diesen Prozess noch 2-mal wiederholen. Der Teig wird dabei jedes Mal glatter und weniger klebrig. Nach dem letzten sanften Kneten alles wieder in die Schüssel geben und den Teig 1–2 Stunden gehen lassen, bis sich sein Volumen verdoppelt hat.

Jetzt können Sie das Brot nach Wunsch formen. Ich teile den Teig meist in zwei Portionen und backe einen Laib und entweder die Teigbälle oder die sehr praktischen, gefüllten Brotrollen.

EIN SIMPLER LAIB

Dies ist ein wunderbar einfacher Brotlaib ohne Schnörkel, der aber dennoch äußerst nützlich ist. In einem locker geschlossenen Brotbeutel bleibt er einige Tage frisch. Ich verwende einen rechteckigen Metallkorb, sodass der Laib relativ gleichmäßige Kanten hat, er lässt sich aber auch auf einem flachen Backblech problemlos formen. Sie könnten ihn natürlich genauso gut in einer regulären Kastenform backen.

ETWA 250 °C

Den fertig aufgegangenen Teig auf eine leicht bemehlte Arbeitsfläche geben und mit einem scharfen Messer oder Teigschneider halbieren. Eine Hälfte für anderes Backwerk beiseitelegen.

Die zweite Hälfte mit bemehlten Händen zu einem glatten Ball formen. Den Teig dabei auf der Arbeitsfläche immer wieder drehen und die Seiten nach unten ziehen und einschlagen. Das Ganze mit Mehl bestäuben, mit der eingeschlagenen Seite nach unten auf ein bemehltes Backblech legen und eine weitere Stunde gehen lassen.

Ist der Teig zum zweiten Mal aufgegangen, mit einem scharfen Messer einige Einschnitte in der Oberseite machen. Das sieht nicht nur hübsch aus sondern lässt das Brot auf kontrollierte Weise gehen. Wird es nicht eingeschnitten, neigt es dazu, an anderer Stelle zu reißen.

Den Laib bei etwa 250 °C in den Ofen legen und bei geschlossener Tür 30–35 Minuten tief goldbraun backen. Die Tür frühestens nach der Hälfte der Backzeit zum Nachsehen öffnen. Das Backblech oder den Bräter zu diesem Zeitpunkt einmal drehen, damit das Brot gleichmäßig backt.

Vor dem Aufschneiden auf einem Kuchengitter abkühlen lassen.

KNOBLAUCHBUTTER-BÄLLE

Verwenden Sie die Hälfte des Teiges zur Zubereitung dieser unwiderstehlichen Teigbällchen. Gibt es tatsächlich Menschen, die keine warmen, knusprigen Teigkugeln mit Knoblauchbutter mögen? Bei uns zuhause wird ein Backblech davon innerhalb von Sekunden vernichtet. Der Trick besteht darin, die Knoblauchbutter nicht als Dip zum Eintauchen des Brotes zu verwenden sondern diese so weich zu machen, dass die frisch aus dem Ofen kommenden Teigbälle direkt damit bestrichen werden können. Lassen Sie das Ganze einige Minuten einziehen – vorausgesetzt, Sie können Ihr Werk so lange verteidigen – und Sie befinden sich im Knoblauchbrothimmel!

ETWA 250 °C
ERGIBT 16 STÜCK

½ Einfacher Teig (siehe S. 97)

Für die Knoblauchbutter
50 g weiche Butter
1–2 Knoblauchzehen, zerdrückt (nach Geschmack)
1 EL glattblättrige Petersilie, fein gehackt
Salz und frisch gemahlener schwarzer Pfeffer

Den Teig auf einer bemehlten Arbeitsfläche zu einem Rechteck formen. Dieses halbieren, die Teile wieder zu Rechtecken formen und erneut halbieren. Das Ganze wiederholen, bis 16 Teigstücke entstanden sind. Durch die Rechteckform lassen sich die Teigstücke genauer halbieren, sodass man am Ende gleich große Teigbälle erhält. Nun die einzelnen Stücke wie den großen Brotlaib zu Kugeln formen. Das Teigstück dazu in den Händen drehen, die Seiten vorsichtig nach unten ziehen und einschlagen, bis ein kompakter Ball mit einer glatten Oberseite entsteht. Den Vorgang mit allen Teigstücken wiederholen und diese dann mit ausreichend Abstand zueinander auf ein leicht bemehltes Backblech legen. Zum erneuten Gehen eine Stunde beiseitestellen. In der Zwischenzeit die Knoblauchbutter zubereiten. Die weiche Butter mit dem Knoblauch und der Petersilie verrühren und kräftig mit Salz und Pfeffer würzen. In der Nähe des Ofens stehen lassen, damit die Butter weich genug zum Bepinseln wird – sie soll nicht schmelzen aber sehr weich sein.

Nun die Teigbälle in den Ofen schieben und bei geschlossener Tür etwa 20 Minuten backen. Das Backblech nach der Hälfte der Zeit einmal drehen. Die fertigen Teigbälle sofort nachdem sie aus dem Ofen kommen mit der Knoblauchbutter bestreichen und vor dem Essen noch einige Minuten abkühlen lassen.

GEFÜLLTE BROTROLLEN

Die Idee für dieses Rezept kam mir in einem Portugalurlaub, dort gab es nämlich in allen Bäckereien neben den weltberühmten Puddingtörtchen auch Chorizo-Rollen.
Wie ich erfuhr, waren das ganz normale Brötchen, in die vor dem zweiten Gehen einige Scheiben Chorizo eingerollt werden. Beim Backen dringt dann das Fett aus den Wurststücken in den Teig. Das Ergebnis ist ein einfacher aber köstlicher Snack, der sich wunderbar für Picknicks oder als Variante für ein mitgebrachtes Mittagsessen auf der Arbeit eignet.
Ich wollte mich aber nicht auf Chorizo beschränken, deshalb nutze ich für meine Brotrollen gern Reste aus dem Kühlschrank, z. B. gebratenes Gemüse oder Belag vom letzten Pizzabacken.

ETWA 250 °C
ERGIBT 8 STÜCK

Die Hälfte des Einfachen Teiges (siehe S. 97) auf einer bemehlten Arbeitsfläche zu einem Rechteck formen. Dieses halbieren, die Teile wieder zu Rechtecken formen und erneut halbieren. Das Ganze wiederholen, bis 8 Teigstücke entstanden sind. Diese zu Kugeln formen, auf ein leicht bemehltes Backblech legen und 30 Minuten gehen lassen.

Anschließend jede Kugel mit der Handfläche zu einer etwa 2 cm dicken Scheibe pressen. Die gewünschte Füllung in die Mitte legen (nicht zu viel, sonst läuft es an den Enden aus) und den Teig dann aufrollen. Mit der Naht nach unten und etwas Abstand zueinander wieder auf das bemehlte Backblech legen und weitere 30 Minuten gehen lassen.

Das Backblech dann in den Ofen schieben und etwa 20 Minuten backen. Nach der Hälfte der Zeit einmal umdrehen.

Vor dem Essen etwas abkühlen lassen, da die Füllung sehr heiß ist. Die Brotrollen schmecken auch kalt köstlich.

ALTERNATIVE FÜLLUNGEN

- Das Original, das heißt, einige Scheiben Chorizo oder Salami bzw. Schinken.
- Verschiedene Sorten Käse, gewürfelt oder gerieben.
- Einige Streifen rote Paprika mit frischen Basilikumblättern, einer Scheibe Aubergine und frisch geriebenem Parmesan oder einigen Scheiben gebratener Zucchini oder Spargel.
- 2–3 Sardellenfilets oder einige Thunfischstücke, vielleicht mit etwas Knoblauch daneben.

ALOO PARATHAS

Diese Fladenbrote im Chapatistil werden mit einer würzigen Kartoffelmischung gefüllt und passen z. B. großartig zu den Lammspießen auf S. 58. Sie können sie aber auch einfach als Vorspeise oder als Snack servieren, mit Chutney, Raita oder eingelegtem Gemüse.

ETWA 250 °C
ERGIBT 4 STÜCK

Für die Kartoffelfüllung
300 g Kartoffeln, geschält, in 2–3 cm großen Würfeln
2 EL Butter oder Ghee
2 TL Senfkörner
3 Frühlingszwiebeln, fein gehackt
2 cm frischer Ingwer, fein gehackt oder gerieben
1 Knoblauchzehe, zerdrückt
1 grüne Chili, fein gehackt
eine kleine Handvoll frischer Koriander, gehackt
Salz und frisch gemahlener schwarzer Pfeffer

Für die Parathas
250 g Chapatimehl oder eine Mischung (50:50 weißes und Vollkornmehl), + etwas mehr zum Kneten und Ausrollen
1 EL Schwarzkümmelsamen
1 TL Zucker
½ TL Salz
150 ml warmes Wasser
1 EL Pflanzenöl + extra Öl zum Ausbacken

Für dieses Rezept muss der Ofen eine Temperatur von mindestens 250 °C haben und da die Parathas sehr schnell garen, dürfen sie ruhig mit etwas Flammen und geöffneter Ofentür zubereitet werden.

Mit der Füllung beginnen, da sie vor dem Füllen abkühlen muss. Sie kann bis zu 24 Stunden im Voraus zubereitet werden.

Dazu Salzwasser in einem Topf aufkochen lassen, die Kartoffelwürfel dazugeben und 8–10 Minuten weich kochen. In der Zwischenzeit die Butter und die Senfkörner bei mittlerer Hitze in eine Pfanne geben. Die Butter schmelzen und die Senfkörner darin schwenken. Die Frühlingszwiebeln, den Ingwer, den Knoblauch, die Chili und den Koriander dazugeben und alles unter ständigem Rühren einige Minuten braten. Anschließend den Herd abstellen und die Pfanne beiseitestellen. Die weichen Kartoffeln sorgfältig abtropfen lassen und in die Pfanne mit der Zwiebelmischung geben. Die Kartoffeln mit einem Kartoffelstampfer oder der Rückseite eines Holzlöffels zerquetschen und alles verrühren, sodass eine möglichst glatte Masse entsteht. Mit Salz und Pfeffer abschmecken, in eine Schüssel füllen und vollständig abkühlen lassen.

Das Mehl für die Parathas in eine Schüssel sieben, die Kümmelsamen, den Zucker und das Salz dazugeben und alles sorgfältig verrühren. Das Wasser in einem Krug abmessen und das Öl unterrühren. Die Mischung langsam in die Schüssel mit dem Mehl gießen und dabei rühren, bis ein weicher Teich entsteht. Diesen auf eine bemehlte Arbeitsfläche geben und kneten, bis er glatt ist. In vier gleich große Teile zerteilen, jeden zu einer Kugel formen und leicht mit Mehl bestäuben. Die Kugeln in Frischhaltefolie wickeln und 30 Minuten ruhen lassen.

Nachdem der Teig geruht hat und die Füllung komplett abgekühlt ist, können die Parathas ausgerollt und gefüllt werden. Die Arbeitsfläche leicht mit Mehl bestreuen und eine Teigkugel zu einem ca. 20 cm großen Kreis ausrollen. Einen gehäufte Esslöffel der Füllung in die Mitte geben und dann die Seiten darüberklappen, sodass sie eine Tasche bilden und die Ränder zusammendrücken. Dabei alle Luftpolster herauspressen. Das Päckchen umdrehen und ganz vorsichtig erneut ausrollen – dabei auf der Arbeitsfläche ständig drehen – bis der Teigkreis wieder etwa 20 cm Durchmesser hat. Diesmal ist er jedoch etwas dicker. Nicht zu viel Druck ausüben, damit die Füllung nicht austritt! Das Ganze mit den restlichen drei Teigkugeln wiederholen. Die fertigen Parathas mit Backpapier getrennt aufstapeln und bis zur Verwendung im Kühlschrank aufbewahren.

Sobald es losgehen kann, ein schweres Backblech oder eine feuerfeste Pfanne in den Ofen schieben und 5 Minuten aufheizen lassen. Anschließend etwas Öl hineingeben und mit einem zusammengeknüllten Papiertuch verteilen. Ein oder zwei Parathas hineingeben, das Ganze wieder in den Ofen schieben und 2–3 Minuten backen, bis die Parathas knusprig sind und dunkelbraune Flecken aufweisen. Einmal umdrehen und einige Minuten weiter backen.

Zum Warmhalten in ein sauberes Küchenhandtuch wickeln und dann die übrigen Parathas zubereiten.

SIMIT MIT ZITRONE UND GEBACKENEM THYMIAN-FETA

Simit sind köstliche bagelartige Brotringe aus der Türkei, die großzügig mit Sesamkörnern bestreut und gern zum Frühstück mit Käse und Olivenöl gegessen werden. In diesem Rezept serviere ich sie mit gebackenem Feta, denn ich liebe dessen geradezu mousseartige Konsistenz, wenn man ihn erhitzt. Heißer Feta lässt sich perfekt auf knuspriges Brot streichen. Zusammen mit einem Salat aus reifen Tomaten und einigen schwarzen Oliven ergibt das ein ganz einfaches Mittagessen.

220–230 °C
ERGIBT 4 STÜCK

Für das Simit
400 g weißes Brotmehl
1 TL Instanthefe
1 TL Salz
300 ml lauwarmes Wasser
2 EL Olivenöl + extra Öl zum Formen der Teigstücke
1 EL Granatapfelsirup
2 EL Sesamkörner

Für den Feta
200 g Feta
2 EL Olivenöl
einige Zweige frischer Thymian, die Blätter abgezupft
Zesten von ½ Zitrone
frisch gemahlener schwarzer Pfeffer

Das Feuer muss eine gleichmäßige, hohe Backtemperatur von 220–230 °C haben, ohne Flammen, nur mit etwas Glut.

Das Mehl, die Hefe und das Salz in einer Schüssel verrühren. Das Wasser und das Öl dazugeben und so lange rühren, bis ein grober Teigklumpen entsteht. Die Schüssel mit einem sauberen Küchenhandtuch abdecken und 10 Minuten beiseitestellen.

Anschließend die Arbeitsfläche leicht einölen und den Teig darauf geben. Die Schüssel sorgfältig auskratzen und anschließend mit etwas Öl einreiben.

Ein wenig Öl in den Händen verteilen und den Teig sanft 10 Sekunden kneten, dann zurück in die Schüssel legen und weitere 10 Minuten ruhen lassen. Den ganzen Prozess noch 2-mal wiederholen. Anschließend die Schüssel zudecken und den Teig 1 Stunde gehen lassen. Der Teig kann auch 4–6 Stunden im Kühlschrank gehen, wenn diese Methode bevorzugt wird.

Den Teig nun wieder auf die leicht bemehlte Arbeitsfläche geben und in 8 gleich große Stücke teilen. Zwei Stücke schlangenförmig 1–1 ½ cm dick ausrollen. Falls die Teigschlangen zurückfedern und ihre Form nicht halten, einfach einige Minuten ruhen lassen und es dann erneut versuchen.

Die beiden Teigschlangen nun wie ein Seil zusammendrehen und dann zu einem Kringel formen, sodass sie wie verdrehte Bagels aussehen. Den Teigkringel auf ein großes, eingeöltes Backblech legen und den Vorgang mit dem restlichen Teig wiederholen. Wenn die vier Simit fertig sind, die Oberflächen leicht mit Granatapfelsirup einpinseln, großzügig mit Sesamkörnern bestreuen und noch einmal 30 Minuten gehen lassen.

Den Feta in der Zwischenzeit in eine kleine Backform legen, mit Olivenöl beträufeln und Thymian und Zitronenzesten darüberstreuen. Kräftig mit schwarzem Pfeffer würzen.

Die Simit in den Ofen schieben und 15 Minuten backen, danach prüfen und das Backblech ggf. drehen, damit sie gleichmäßig garen. Zeitgleich den Feta in den Ofen stellen. Beide weitere 10–15 Minuten backen.

Sofort servieren, solange der Feta noch heiß ist.

ROTE-BETE-FOCACCIA MIT ZIEGENKÄSE UND SALBEI

Im rohen Zustand leuchtet diese Foccacia in grellem Barbiepink, dank des nahrhaften, intensiv gefärbten Rote-Bete-Pulvers; einmal gebacken, ist die Strahlkraft dann nicht mehr ganz so stark. Rote-Bete-Pulver finden Sie vor allem in Asiamärkten und Reformhäusern oder aber im Internet. Im Zweifelsfall lassen Sie es einfach weg und geben stattdessen etwas Rote Bete obenauf. Wie alle Foccacias schmecken auch diese am besten warm aus dem Ofen.

200–220 °C
ERGIBT 4–6 PORTIONEN

300 g weißes Brotmehl
1 EL Rote-Bete-Pulver (optional)
1 TL Instanthefe
1 TL Salz
175 ml lauwarmes Wasser
2 EL Olivenöl
ca. 150 g Ziegenkäse, in 2 cm großen Würfeln
3 kleine gekochte Rote Bete (nicht eingelegt!), in Spalten geschnitten
1 kleiner Bund Salbei, Blätter abgezupft und grob geschnitten
Salz und frisch gemahlener schwarzer Pfeffer

Das Feuer muss eine gleichmäßige Backtemperatur von etwa 220 °C haben, ohne Flammen, damit die Ofentür geschlossen bleiben kann.

Das Mehl, das Rote-Bete-Pulver, die Hefe und das Salz in einer Schüssel verrühren. Das Wasser und das Olivenöl dazugeben und alles mit einem Metalllöffel zu einem groben Teigball verrühren. Anschließend abdecken und 10 Minuten ruhen lassen.

Dann die Arbeitsfläche leicht einölen und den Teig darauf geben. Die Schüssel sorgfältig auskratzen und anschließend mit etwas Öl einreiben.

Ein wenig Öl in den Händen verteilen und den Teig sanft 10 Sekunden kneten, dann zurück in die Schüssel legen und weitere 10 Minuten ruhen lassen. Den ganzen Prozess noch 2-mal wiederholen. Anschließend die Schüssel zudecken und den Teig 1 Stunde gehen lassen. Der Teig kann auch 4–6 Stunden im Kühlschrank gehen, wenn diese Methode bevorzugt wird.

Den aufgegangenen Teig auf die leicht bemehlte Arbeitsfläche geben und sanft zu einem etwa 1 cm dicken Rechteck formen. Auf ein gut bemehltes Backblech legen und dann vorsichtig mit den Fingern einige Vertiefungen hineindrücken, in die der Ziegenkäse, die Rote-Bete-Spalten und der Salbei gefüllt werden. Das Blech beiseitestellen und den Teig noch einmal 30–60 Minuten gehen lassen.

Die Foccacia unmittelbar vor dem Backen mit etwas Olivenöl beträufeln und Meersalzflocken sowie frisch gemahlenen schwarzen Pfeffer darüberstreuen. Bei geschlossener Ofentür 30–35 Minuten backen, bis der Teig knusprig und durchgebacken ist. Der Käse sollte geschmolzen und die Rote Bete leicht gebräunt sein.

Zum Servieren in Spalten schneiden. Zusammen mit einer herzhaften Suppe ergibt das Gericht ein wunderbares Mittagessen.

NOCH ETWAS …

Focaccia ist eines meiner liebsten Brote zum Backen. Sie ist wie ein dicker Pizzateig, auf den man allerhand leckere Sachen legen kann. In einer edlen Bäckerei würden Sie dafür eine hübsche Summe bezahlen, aber zuhause selbst gemacht kostet es nur wenige Cent:

- Stecken Sie einige dünne Knoblauchstücke und Rosmarinnadeln in den Teig.
- Drücken Sie einige Fetawürfel, Kalamata-Oliven und Oregano in den Teig.

SODABROT MIT KAMUT, CHEDDAR UND SCHNITTLAUCH

Ich backe sehr gerne Sodabrot – es ist äußerst praktisch, wenn man wenig Zeit oder einfach keine Lust hat, die langen Gehzeiten von Brot auf Hefebasis abzuwarten. Traditionell wird es mit Buttermilch zubereitet, ich ersetze diese aber meist durch eine Mischung aus Milch und Joghurt, die ich immer im Kühlschrank habe. Dies ist schließlich ein ganz simples Rezept, für das ich nicht erst in den Supermarkt rennen will. Sie brauchen auf alle Fälle ein wenig Säure, um die Reaktion des Natrons anzustoßen. Falls Sie keinen Joghurt zur Hand haben, können Sie auch nur Milch nehmen und diese mit 1 TL Zitronensaft ansäuern. Da dies so ein einfaches Rezept ist, würde ich meinen Ofen dafür nicht extra anheizen, aber wenn er ohnehin schon heiß ist und ich etwas Zeit habe, kann ich es in Minuten zusammenrühren und in den Ofen schieben. Gegessen wird es bei uns immer und im schlimmsten Fall friere ich es eben ein.

Kamutmehl ist eine recht neue Zutat für mich. Es wird aus einem Urgetreide gewonnen und eignet sich fantastisch zum Backen, denn es bietet alle Vorteile des traditionellen Vollkornmehls ohne die dazugehörige Schwere.

180–200 °C
ERGIBT 1 LAIB

250 g Kamutmehl
250 g Mehl
1 TL Natron
½ TL Salz
200 g reifer Cheddar, gerieben
1 großer Bund Schnittlauch, geschnitten
frisch gemahlener schwarzer Pfeffer (optional)
100 ml Milch
300 g Vollmilchjoghurt

Für dieses simple Rezept sollte der Ofen eine Temperatur von 180–200 °C haben.

Die Mehlsorten, das Natron und das Salz in einer großen Schüssel mischen. Den Käse, den Schnittlauch und, nach Geschmack, eine kräftige Prise frisch gemahlenen schwarzen Pfeffer unterheben.

Die Milch in einen Messbecher gießen, den Joghurt dazugeben und alles sorgfältig verrühren. Die Mischung über das Mehl gießen und alles verrühren, bis sich ein grober Teigklumpen bildet. Den Teig auf ein bemehltes Backblech geben und mit den Händen zu einer glatten Kugel formen. Anschließend etwas platt drücken und die Oberseite tief kreuzförmig einschneiden.

Das Backblech in den Ofen schieben und das Brot bei geschlossener Tür 25 Minuten backen. Nach der Hälfte der Zeit einmal umdrehen, damit das Brot gleichmäßig gart. Durch den Käse eignet es sich besser für das Backen auf dem Backblech. Vor dem Servieren etwas abkühlen lassen, dann in Spalten schneiden und dazu reichlich Butter reichen.

NOCH ETWAS …

- Soll das Brot lieber süßlich-würzig werden, Käse und Schnittlauch durch eine Handvoll Rosinen und 1 TL Mixed Spice ersetzen. Sie können auch Cranberrys und Ingwer verwenden.
- Einen anderen Käse und Kräuter verwenden, je nachdem, was Sie zur Hand haben.
- Das Brot einfach pur ohne weitere Zutaten backen.

MIXED SPICE

Mixed Spice ist eine typisch britische Gewürzmischung, die häufig für Kuchen, Gebäck oder Christmas Pudding verwendet wird. Sollten Sie in Ihrer Nähe kein Geschäft finden, das die Mischung führt, lässt sie sich ganz leicht selbst herstellen. Dafür folgende Zutaten zusammenmischen:
4 TL gemahlener Koriander
4 TL gemahlener Zimt
1 TL gemahlener Piment
4 TL gemahlene Muskatnuss
2 TL gemahlener Ingwer
1 TL gemahlene Nelken

SHORTBREAD MIT KREUZ-KÜMMEL UND GERÄUCHERTEM PAPRIKAPULVER

Dieses herzhafte Shortbread ist ein köstlicher Snack, während man z. B. mit einem schönen Glas Wein darauf wartet, dass der Ofen Pizzatemperatur erreicht. Sie können den Teig jederzeit zubereiten, einfrieren und wenn Sie Lust darauf haben, so viel Teig wie gewünscht abschneiden und backen (Foto S. 69 rechts).

200–220 °C
ERGIBT CIRCA 40 KLEINE KEKSE

150 g Mehl
50 g Maismehl
1 EL Kreuzkümmelsamen
1 gehäufter TL geräuchertes Paprikapulver
½ TL Salz
150 g kalte Butter, gewürfelt
100 g reifer Cheddar, gerieben
2 EL Eiswasser

Für diese Kekse muss der Ofen eine Temperatur von 200–220 °C haben. Sie sind ein perfekter Barsnack und eine tolle Überbrückung während man darauf wartet, dass der Ofen heißer wird. Sie müssen die Kekse allerdings gut beobachten und das Blech regelmäßig drehen, damit sie gleichmäßig garen.

Das Mehl und das Maismehl in eine Schüssel geben und mit dem Kreuzkümmel, dem Paprikapulver und dem Salz verrühren. Anschließend die Butterwürfel dazugeben und das Ganze mit den Fingern zu feinen Bröseln verreiben.

Alternativ kann eine Küchenmaschine eingesetzt werden; allerdings darf der Teig nicht zu stark bearbeitet werden, da das Shortbread sonst hart wird.

Den Käse unterheben und dann gerade so viel Eiswasser dazugeben, dass sich der Teig zu einem krümeligen Ball formen lässt. Den Teig auf ein Stück Frischhaltefolie geben und zu einer langen, etwa 2 ½ cm dicken Rolle formen (wird es zu unhandlich, in zwei Teile teilen). Die Rolle(n) fest in Frischhaltefolie wickeln und einfrieren, bis sie hart ist. So verpackt hält sich der Shortbreadteig im Eisfach bis zu 3 Monate.

Den Teig aus dem Eisfach nehmen, sobald es losgehen kann, auf einem Schneidebrett auswickeln, mit einem scharfen Brotmesser in etwa 5 mm dicke Scheiben schneiden und auf ein Backblech legen. Das Backblech in den Ofen schieben und 10–12 Minuten backen, bis die Kekse goldbraun sind.

Das Blech während der Backzeit 1–2-mal drehen, damit die Kekse gleichmäßig garen. Wenn sie aus dem Ofen kommen, werden sie zunächst noch etwas weich sein, härten beim Abkühlen aber aus (falls Sie so lange warten können ...).

NOCH ETWAS ...

- **Parmesan, schwarze Oliven und Sardellen –** ersetzen Sie Cheddar und Gewürze durch 75 g frisch geriebenen Parmesan, 50 g fein gehackte schwarzen Oliven und 2 EL fein gehackte Sardellenfilets, zusammen mit den fein gehackten Nadeln einiger frischer Rosmarinzweige.
- **Blauschimmelkäse und Nüsse –** den Cheddar durch 100 g zerkrümelten Blauschimmelkäse (ich nehme gern den cremigen Cashel Blue) und 50 g fein gehackte Hasel- oder Walnüsse ersetzen.

„BLATTBROT“ MIT WALNUSS, SCHWARZEM PFEFFER UND GEBACKENEM CAMEMBERT

Der richtige Name für dieses ungewöhnliche Brot lautet „Fougasse“, aber meine Tochter fand, es sehe aus wie ein Blatt, deshalb heißt es bei uns nun Blattbrot. Wie auch immer Sie es nennen, es ist einfach köstlich – durch die eigenwillige Form wird die Krustenoberfläche maximiert, und das ist genau das, was wir wollen, um damit den schmelzenden Käse aufzunehmen. Die Inspiration für dieses Brot stammt aus Alice Walters brillantem „Chez Panisse“-Menu-Kochbuch. Alices Rezept ist allerdings viel aufwendiger, und sie nennt es auch bei seinem richtigen Namen …

200–210 °C
ERGIBT EINEN GROSSEN FLACHEN LAIB FÜR 4 PORTIONEN ALS VORSPEISE ODER ALS TEIL EINER TAPASMAHLZEIT

300 g weißes Brotmehl
1 TL frisch gemahlener schwarzer Pfeffer
½ TL Instanthefe
½ TL Salz
100 g Walnüsse
200 ml lauwarmes Wasser
Olivenöl zum Kneten und Beträufeln

Für den Camembert
1 ganzer weicher Camembert
1 Knoblauchzehe, fein in Stifte geschnitten
1 Zweig Rosmarin, die Nadeln abgezupft
2 EL trockener Sherry (bzw. trockener weißer Wermut oder Weißwein)
Fleur de Sel und frisch gemahlener schwarzer Pfeffer

Für dieses Brot muss der Ofen eine gleichmäßige Backtemperatur von etwa 200 °C haben. Da es sehr dünn ist, gart es sehr schnell, deshalb kann es bei offener Tür mit einigen Flammen oder bei geschlossener Tür an der Glut gebacken werden. Es ist ein sehr anspruchsloses Brot.

Das Mehl, den schwarzen Pfeffer, die Hefe und das Salz in eine Schüssel geben und sorgfältig verrühren. Die Walnüsse in der Küchenmaschine zerkleinern oder fein hacken und in die Mehlmischung geben. Das warme Wasser hineingießen und alles mit einem Holzlöffel rühren, bis sich ein grober Teigklumpen bildet. Anschließend 10 Minuten beiseitestellen.

Die Arbeitsfläche leicht einölen und den Teig darauf geben. Die Schüssel richtig auskratzen und dann etwas Öl hineingeben und verreiben. Nun etwas Öl auf die Hände geben und den Teig 10 Sekunden ganz sanft kneten. Einmal ziehen entspricht 1 Sekunde. Den Teig dann zurück in die Schüssel geben und zugedeckt 10 Minuten ruhen lassen. Diesen gesamten Prozess noch 2-mal wiederholen. Den Teig danach wieder in die Schüssel geben, zudecken und ruhen lassen, bis er sein Volumen um 50 % vergrößert hat; dies dauert etwa 1 Stunde.

Ist der Teig gegangen, die Arbeitsfläche leicht mit Mehl bestreuen und den Teig darauf legen. Mit bemehlten Händen sanft platt klopfen und ein Oval daraus formen, das etwa zwei Drittel der Fläche der Holzschaufel einnimmt. Diese leicht mit Mehl bestreuen, den Teig dann darauf legen und mit einem scharfen Messer von der Mitte des Ovals bis fast an den Rand mehrfach einschneiden. Die Schnittflächen auseinanderziehen, sodass der Teig wie ein großes tropisches Blatt aussieht. Das Ganze auf der anderen Seite wiederholen. Anschließend noch einmal 30 Minuten gehen lassen.

In der Zwischenzeit den Camembert vorbereiten. Den Käse auswickeln und in eine kleine feuerfeste Schale legen. In die Oberfläche mit einem scharfen Messer mehrere Schlitze schneiden und in diese die Knoblauchstifte und Rosmarinnadeln stecken. Zu guter Letzt den Sherry darüberträufeln und alles mit Salz und Pfeffer würzen.

Das Brot unmittelbar vor dem Backen mit etwas Öl beträufeln und mit Fleur de Sel bestreuen. Im heißen Ofen 15 Minuten backen. Danach ggf. einmal drehen und die Schale mit dem Käse daneben stellen. Beides weitere 10–15 Minuten backen, bis der Käse geschmolzen und das Brot knusprig ist.

Sofort heiß aus dem Ofen servieren.

CREAM TEA AUS DEM HOLZOFEN MIT GESCHMORTER HIMBEER-KONFITÜRE

Ich muss Ihnen etwas gestehen ... eigentlich wollte ich ja englische Crumpets zu der geschmorten Himbeerkonfitüre backen, aber wie sich herausstellte, wollte mir einfach keine Variante gelingen, die besser schmeckte als die gekaufte Ware, egal wie sehr ich mich bemühte. Als Mädchen aus Cornwall, das in Devon aufwuchs, wusste ich aber ganz genau, dass ich problemlos köstliche Scones produzieren kann und so wurde dieser kinderleichte Holzofen-Cream-Tea daraus. Ich backe immer ein großes Scone, das so eingeritzt wird, dass es wie eine Blume aussieht. Das ist viel einfacher, als einzelne Stücke auszustechen und den Rest wieder neu auszurollen. Je weniger Sie ein Scone handhaben, desto lockerer wird es.

Die Konfitüre ist ein Kinderspiel, zwei Zutaten und 20 Minuten Ihrer Zeit ist alles, was sie braucht. Achten Sie aber darauf, sie in einem tiefen Topf zu schmoren, damit sie nicht überkocht. Ich mache immer mehr, als benötigt wird, weil ich weiß, dass sie bei uns nicht lange herumsteht; das Rezept lässt sich aber leicht anpassen. Verwenden Sie einfach die gleiche Menge Früchte und Zucker. Im Kühlschrank aufbewahrt hält sich die Konfitüre einige Wochen.

240–250 °C
ERGIBT 8 SCONES FÜR 4–6 PORTIONEN

Für die geschmorte Himbeerkonfitüre
350 g Tiefkühlhimbeeren
350 g Zucker

Für die Scones
450 g Mehl + 1 ½ EL Backpulver
2 EL Zucker
½ TL Salz
75 g Butter, gewürfelt
300 ml Milch
Clotted Cream zum Servieren (als Alternative kann man auch Schlagsahne reichen)

Für dieses Rezept benötigen wir eine heiße Backtemperatur ohne Flammen, da die Ofentür geschlossen bleiben muss.

Die Himbeeren in einen tiefen, robusten Topf geben. Den Zucker darüberstreuen und alles sorgfältig mischen. Die Konfitüre in den Ofen schieben und 20 Minuten schmoren, dabei mehrmals umrühren, damit der schmelzende Zucker richtig eingearbeitet wird. Anschließend aus dem Ofen holen, etwas abkühlen lassen und dann in eine Servierschüssel füllen.

Sobald die Konfitüre im Ofen ist, die Scones ansetzen. Das Mehl in eine Rührschüssel sieben und den Zucker sowie das Salz unterrühren. Die Butterwürfel dazugeben und mit den Fingerspitzen einarbeiten. Dann die Milch darübergießen und mit einem Esslöffel unterheben, bis ein Teig entsteht. Nicht zu sehr rühren und sofort aufhören, wenn das Mehl die Milch vollständig aufgenommen hat.

Den Teig auf eine leicht bemehlte Arbeitsfläche geben und sanft zu einem Kreis mit 16–18 cm Durchmesser und 4 cm Dicke formen. Auf ein bemehltes Backblech transferieren und die Oberseite leicht mit Mehl bestäuben. Mit einem scharfen Messer 8 Spalten markieren, diese aber noch zusammen lassen wie bei einem Kuchen.

Das Backblech in den heißen Ofen schieben und 20–25 Minuten backen. Nach der Hälfte der Zeit nachsehen und das Blech einmal drehen, damit die Scones gleichmäßig backen. Vor dem Servieren etwas abkühlen lassen.

PASTÉIS DE NATA

Das Geheimnis zur Zubereitung richtig guter Pastéis de Nata ist starke Hitze, was im Elektroofen recht schwer zu erreichen ist, im Holzofen zum Glück aber gar kein Problem darstellt. Fangen Sie mit dem Teig und dem Pudding mehrere Stunden oder gar Tage vor dem Backen an, da beide reichlich Zeit zum Kühlen benötigen.

250–260 °C
ERGIBT 12 STÜCK

Für die Törtchen
150 g Mehl + extra Mehl zum Ausrollen
75 ml kaltes Wasser
150 g weiche Butter

Für den Pudding
3 Eigelb
1 ganzes Ei
175 g Zucker
25 g Mehl
1 TL Vanilleextrakt
300 ml Milch

Sie brauchen zusätzlich ein 12er-Muffinblech.

Der Ofen muss für dieses Rezept eine gleichmäßige Backtemperatur von 250–260 °C haben, ohne Flammenbildung, da die Ofentür geschlossen bleibt. Das Mehl in eine Rührschüssel geben, mit dem kalten Wasser aufgießen und mit einem Löffel sorgfältig verrühren. Das Ganze auf die Arbeitsfläche geben und kurz kneten, bis ein halbwegs glatter Teig entsteht. Anschließend fest in Frischhaltefolie gewickelt 30 Minuten in den Kühlschrank legen.

Den gekühlten Teig auf der leicht bemehlten Arbeitsfläche zu einem groben dicken Rechteck formen. Anschließend auf etwa 5 mm Dicke ausrollen, mit der kürzesten Seite zu Ihnen hin. Ungefähr ein Drittel der Butter auf dem Teig verstreichen, bis fast an die Ränder. Das untere Drittel zur Mitte hin falten, dann das obere Drittel darüber falten, wie bei einem Brief, der in einen Umschlag gesteckt werden soll. Den Teig in Frischhaltefolie wickeln und weitere 30 Minuten kühlen. Nach 30 Minuten den Teig um 90° gedreht auf die Arbeitsfläche legen, sodass die Naht von oben nach unten anstatt von links nach rechts verläuft. Erneut zu einem großen Rechteck ausrollen, mit einem weiteren Drittel der Butter bestreichen, falten, einwickeln und 30 Minuten kühlen. Anschließend den ganzen Prozess ein weiteres Mal wiederholen.

Den so bearbeiteten Teig nun noch einmal zu einem 5 mm dicken Rechteck ausrollen und dann fest aufrollen. In Frischhaltefolie wickeln und 30 Minuten kühlen. An diesem Punkt kann der Teig für bis zu 3 Monate eingefroren werden.

Für den Pudding die drei Eigelb, das Ei, den Zucker, das Mehl und die Vanille in eine Rührschüssel geben und mit einem Handrührgerät 2–3 Minuten zu einer dicken, cremigen, hellgelben Masse schlagen.

Die Milch in einen kleinen Topf mit dickem Boden gießen und bei mittlerer Hitze aufkochen. Anschließend vom Herd nehmen und die Eimischung unter ständigem Rühren hineingießen. Solange rühren, bis alles gut gemischt ist. Die Masse anschließend in einen Krug gießen und mit etwas Frischhaltefolie abdecken. Die Folie dabei direkt auf die Masse legen, damit sich keine Haut bildet. Vollständig abkühlen lassen. Von diesem Punkt an kann die Füllung bis zu 3 Tage im Kühlschrank aufbewahrt werden.

Die Teigrolle aus dem Kühlschrank holen, auswickeln und die Enden gerade schneiden. Dann in 12 gleich große Scheiben schneiden. Die Scheiben in die Vertiefungen des Muffinblechs drücken, sodass der Teig diese bis oben ausfüllt. Der Teig sollte möglichst überall gleich dick sein. Das Blech anschließend 30 Minuten kalt stellen.

Sobald es losgehen kann, das Muffinblech und den Krug mit der Puddingmasse zum Ofen bringen. Die Teigtaschen mit dem Pudding füllen – sie sollten ziemlich voll sein. Das Muffinblech vorsichtig in den Ofen stellen und die Tür schließen. Nach 10–12 Minuten einmal drehen, damit die Törtchen gleichmäßig garen, dann weitere 10 Minuten backen. Die Törtchen sind fertig wenn der Teig knusprig ist und der Pudding braune Karamellflecken aufweist.

Das Blech aus dem Ofen nehmen und etwas abkühlen lassen. Dann die Törtchen mit einem Messer vorsichtig herauslösen. Sie können warm oder bei Raumtemperatur gegessen werden, schmecken aber am Tag der Herstellung am besten.

CLAFOUTIS MIT FEIGEN, HONIG UND BRANDY

Clafoutis ist ein köstlich cremiges Dessert aus dem französischen Limousin. Es ist wie eine Mischung aus einer kompakten Eiercreme und einem süßen Yorkshire Pudding, gleichzeitig saftig im Inneren und luftig wie eine Wolke außen. Traditionell wird es mit Kirschen zubereitet – das schmeckt natürlich auch großartig, siehe die Geschmacksvarianten unten – ich habe mich hier aber für saftige frische Feigen entschieden, die großzügig mit Brandy begossen werden. Sie könnten dazu ein wenig Schlagsahne reichen, aber ich finde es perfekt so wie es ist.

220–240 °C
ERGIBT ETWA 6 PORTIONEN

60 g geschmolzene Butter
8 große, reife Feigen (ca. 450 g)
3 EL Brandy
75 g Mehl
3 Eier
250 ml Milch
100 ml Sahne
4 EL flüssiger Honig
1 TL Vanilleextrakt
Puderzucker zum Bestäuben

Sie benötigen zudem eine Keramik- oder Metallform mit 25–26 cm Durchmesser; ich verwende eine große feuerfeste Pfanne (das heißt sie hat keine Kunststoffgriffe).

Der Ofen sollte eine Temperatur von 220–240 °C haben, ohne Flammen, damit die Tür geschlossen werden kann.

Die Form mit etwas geschmolzener Butter bepinseln, den Rest für den Teig aufheben.

Die Feigen kreuzförmig zu etwa drei Vierteln einschneiden, leicht auseinanderziehen und in der Pfanne verteilen. Den Brandy in die Öffnungen der Feigen füllen, und das Ganze beiseitestellen.

Das Mehl für den Teig in eine Rührschüssel geben. In die Mitte eine Vertiefung machen und die Eier hinein schlagen. Dann vorsichtig die Milch hineingießen, gefolgt von der Sahne und der restlichen geschmolzenen Butter. Dabei ständig rühren, damit ein glatter Teig entsteht. Nun den Honig und die Vanille unterrühren. Anschließend einige Minuten ruhen lassen oder bis zu 2 Stunden in den Kühlschrank stellen.

Den Teig dann noch einmal durchrühren und um die Brandyfeigen herum gießen. Die Pfanne in den Ofen schieben und je nach Temperatur 25–35 Minuten backen. Der Clafoutis ist gar, wenn er etwas aufgegangen und goldbraun ist. Die Mitte darf noch ein bisschen wackelig sein. Wird er zu dunkel, in einen kühleren Bereich des Ofens schieben oder leicht mit Alufolie abdecken.

Vor dem Servieren leicht abkühlen lassen (er sinkt dabei wieder etwas zusammen und wird fester) und dann mit Puderzucker bestreuen. In Schüsseln verteilen und nach Geschmack etwas Sahne dazu reichen.

NOCH ETWAS …

- Alles Steinobst, z. B. geviertelte Pflaumen, Aprikosen, Renekloden usw. eignen sich prima. Etwas mehr verwenden als bei den Feigen, da das Gewicht der Kerne/Steine nicht mitgerechnet werden sollte.
- Auch Brombeeren, Himbeeren und Blaubeeren sind fantastisch. Versuchen Sie diese mit passenden Likören zu kombinieren, oder lassen Sie den Alkohol für eine kinderfreundliche Version einfach weg.

SCHOKOLADENCRUMBLE MIT BIRNE UND INGWER

Dank der gleichmäßigen Rundumhitze des Holzofens können wir legendäre Crumbles backen – durch die Unterhitze vom Boden wird das Obst Ihrer Wahl schön weich, während die Strahlungshitze von den Ofenwänden für eine knusprige Kruste sorgt. Streuen Sie die Streusel nur ganz leicht über die Füllung, widerstehen Sie der Versuchung, sie anzudrücken. Durch die vielen kleinen Luftlöcher wird der Crumble erst recht knusprig. Bei diesem Rezept verwende ich eine klassische Kombination aus Birnen, Schokolade und Ingwer, aber experimentieren Sie ruhig mit allem, was Ihnen in den Sinn kommt.

190–200 °C
ERGIBT ETWA 6 PORTIONEN

Für die Füllung
850–950 g reife Birnen (ca. 4 große bzw. 6 mittelgroße)
75 g eingelegter Ingwer, fein gehackt + 4 EL Ingwersirup
100 g Zartbitterschokolade, in Stücken

Für den Crumble
50 g Haselnüsse
200 g Mehl
125 g Butter, in 1 cm großen Würfeln
75 g Zucker

Der Ofen soll eine Temperatur von 190–200 °C haben, ohne Flammen.

Die Birnen schälen, vierteln und das Kerngehäuse entfernen. Jedes Viertel halbieren und die Stücke dann in eine runde Backform mit 22–24 cm Durchmesser legen. Den gehackten Ingwer darübergeben und den Sirup hineinlöffeln. Gut umrühren, damit die Birnenstücke benetzt werden. Die Schokoladenstücke dazwischen verteilen und das Ganze beiseitestellen. Die Füllung kann bereits einige Stunden vor dem Backen vorbereitet werden.

Die Haselnüsse für den Crumble in der Küchenmaschine stoßweise grob hacken. Das Mehl und die Butterwürfel dazugeben und alles wieder stoßweise mischen, bis es wie grobe Brotkrümel aussieht. Zu guter Letzt den Zucker dazugeben und alles noch einmal kurz stoßweise mischen. Nicht zu lange mischen, sonst werden die Streusel zäh. Die Streusel können auch per Hand zubereitet werden. Dazu Butter und Mehl zwischen den Fingern verreiben und dann die fein gehackten Haselnüsse sowie den Zucker dazugeben. Bis zum Backen beiseitestellen.

Sobald der Ofen die richtige Temperatur erreicht hat, die Streusel locker über die Birnenmischung streuen und nicht andrücken!

Die Form auf ein Backblech stellen und damit in den heißen Ofen schieben. Die Tür schließen und den Crumble 40 Minuten backen, bis er außen goldbraun und knusprig ist und die Füllung an den Rändern aufzusteigen beginnt.

NOCH ETWAS …

- Tauschen Sie das Obst gegen saisonale Früchte aus. Der eingelegte Ingwer ist optional; er passt gut zu Pflaumen, Renekloden und Rhabarber, aber nicht so gut zu Äpfeln.
- Die Nüsse verleihen dem Ganzen Biss, was ich sehr mag, aber Sie können diese auch weglassen oder gegen andere Nüsse austauschen. Walnüsse, Mandeln und Pekannüsse machen sich sehr gut im Crumble.

EARL GREY TEA BREAD MIT PFLAUMEN UND APRIKOSEN

Dieses Rezept könnte einfacher nicht sein, Sie müssen den Früchten aber reichlich Zeit zum Einweichen geben – mindestens 12, besser noch 24 Stunden. Heraus kommt ein einfacher, nicht zu süßer Kuchen, der perfekt zu einer schönen Tasse Tee am Nachmittag passt. Außerdem ergibt er auch ein tolles Frühstück, wenn es einmal schnell gehen muss. Es ist also ein sehr praktischer Kuchen, der sich luftdicht verschlossen mindestens 5–7 Tage hält. Etwas Butter dazu ist optional, ich greife aber immer dazu. Da der Kuchen selbst kein Fett enthält, ist das meiner Meinung nach absolut gerechtfertigt.

190–200 °C
ERGIBT EINEN KUCHEN IN KASTENFORM

2 Teebeutel Earl Grey
150 g Trockenpflaumen, gehackt
150 g getrocknete Aprikosen, gehackt
100 g dunkler Rohrzucker
2 Eier
250 g Mehl

Sie benötigen zudem eine Kastenform (900 g).

Der Ofen sollte für dieses Rezept 190–200 °C heiß sein, ohne Flammen.

Die Teebeutel in einen hitzebeständigen Messbecher geben und mit 250 ml kochendem Wasser übergießen. Etwa 5 Minuten ziehen lassen, dann die Teebeutel heraus nehmen. Die Pflaumen, die Aprikosen und den Zucker in eine Schüssel geben und mit dem heißen Tee übergießen. Zugedeckt mindestens 12, besser 24 Stunden einweichen lassen.

Am nächsten Tag eine Kastenform einfetten und mit Backpapier auslegen.

Die Eier in die Schüssel mit den eingeweichten Früchten aufschlagen und verrühren. Das Mehl dazugeben und sorgfältig unterrühren. Die Masse dann in die Kastenform gießen.

Die Form auf ein Backblech stellen und damit in den Ofen schieben. Die Tür schließen und den Kuchen 40–45 Minuten backen. In der Zeit 1–2-mal nachsehen und das Blech drehen, damit der Kuchen gleichmäßig gart. Er ist fertig, wenn ein in die Mitte gestochener Metallspieß sauber wieder heraus kommt. Wird der Kuchen zu braun, locker mit einer doppelten Lage Alufolie abdecken und weiter backen.

Den fertigen Kuchen aus dem Ofen nehmen, einige Minuten abkühlen lassen und dann vorsichtig aus der Form lösen und auf ein Kuchengitter legen.

Er schmeckt am besten warm oder bei Raumtemperatur, mit etwas Butter bestrichen.

NOCH ETWAS ...

- Anstatt je zur Hälfte Aprikosen und Pflaumen zu nehmen nur je eine Sorte verwenden.
- Sie können jedes Trockenobst nehmen, das Sie mögen. Rosinen, Sultaninen, Datteln und Cranberrys schmecken alle großartig.
- Zu den Früchten etwas gehackte Obstschale geben.

ORANGENBLÜTEN-REISPUDDING MIT GESCHMORTEM RHARBARBER

Reispudding hat vielerorts einen ziemlich schlechten Ruf, oft ausgelöst durch böse Kindheitserinnerungen. Richtig zubereitet ist er aber eine reichhaltige Köstlichkeit. Zusätzlich ist er eines der einfachsten Desserts, das Sie jemals zubereiten werden – Sie werfen alles in einen Topf und schieben ihn in den Ofen. Bei diesem Rezept serviere ich dazu Rhabarber, der mit Orangenaroma geschmort wurde. Ich liebe den scharfen Kontrast zwischen herber Frucht und cremigem Pudding. Wie beim Clafoutis auf S. 116 lasse ich den Pudding am liebsten nur leicht abkühlen und sich setzen und serviere ihn noch warm, da ich ihn so aromatischer finde. Direkt aus dem Kühlschrank als leckeres Frühstück ist er aber auch nicht zu verachten.

180–210 °C
ERGIBT 4–6 PORTIONEN

etwas Butter zum Einfetten der Form
750 ml Milch
250 ml Sahne
150 g Milchreis
75 g Zucker
1–2 EL Orangenblütenwasser (nach Geschmack)

Für den Rhabarber
400 g Rhabarber, gewaschen, in 4 cm großen Stücken
Zesten und Saft von 1 großer Orange
4 EL Zucker

Sie benötigen zusätzlich eine Backform aus Keramik mit einem Fassungsvermögen von 1,5 l.

Der Ofen sollte eine Temperatur von 180–210 °C haben, ohne Flammen, da die Tür geschlossen wird. Die Temperatur ist hier jedoch nicht entscheidend – ist sie etwas zu heiß, gart der Pudding eben schneller. Wird er zu dunkel, muss er locker mit etwas Alufolie abgedeckt werden.

Die Backform mit Butter einfetten. Die Milch und die Sahne hineingießen, dann den Reis, den Zucker und das Orangenblütenwasser dazugeben und verrühren. In den Ofen schieben und bei geschlossener Tür 1 ½ Stunden backen.

In der Zwischenzeit die Rhabarberstücke in einer Schicht dicht nebeneinander in einen Bräter legen. Den Saft und die Zesten der Orange sowie den Zucker dazugeben und mischen.

Den Reis nach 45 Minuten prüfen, damit er nicht zu dunkel wird, sonst ggf. locker mit Alufolie abdecken und wieder in den Ofen schieben. Den Rhabarber daneben stellen, und die Ofentür wieder schließen.

Weitere 45 Minuten backen, bis der Rhabarber weich und an den Rändern ganz leicht karamellisiert ist. Der Reispudding ist gar, sobald der Reis weich ist. Die Sauce wird noch etwas flüssig sein, dickt beim Abkühlen aber ein.

Vor dem Servieren etwas abkühlen lassen, da der Pudding warm besser schmeckt als kochend heiß. Anschließend auf Schüsseln verteilen und den Rhabarber mit Saft darüber löffeln.

NOCH ETWAS …

- Das Orangenblütenwasser gegen Rosenwasser oder Vanilleextrakt tauschen.
- Den Reis nur mit Milch, Sahne und Zucker ansetzen und unmittelbar vor dem Backen etwas Muskatnuss darüberreiben.
- Falls Sie keinen Rhabarber mögen, probieren Sie eine der Obstsorten von S. 86.

GESTÜRZTER NEKTARINEN-KUCHEN MIT HIMBEEREN UND MANDELN

Meine Lieblingskuchen sind eine Kombination aus buttrigem Biskuitteig mit Mandelaroma und Obst und dieses Rezept ist ein großartiges Beispiel dafür. Für mich ist es eher ein Dessertkuchen, als einer, den ich nachmittags zum Tee reichen würde. Perfekt schmeckt er mit einem ordentlichen Löffel Crème fraîche obenauf. Die Karamellsauce und die Früchte können einige Zeit im Voraus zubereitet werden, sodass Sie vor dem Backen nur rasch den Biskuitteig machen müssen.

170–200 °C
ERGIBT 1 KUCHEN FÜR ETWA 6 PORTIONEN ALS DESSERT

225 g Butter
75 g Soft Brown Sugar (gibt es Online, oder durch dunklen Rohrzucker ersetzen)
3 große, reife Nektarinen, in Spalten geschnitten
150 g Himbeeren
125 g Zucker
2 Eier
75 g Mehl + ½ TL Backpulver
75 g gemahlene Mandeln
2 EL Milch

Sie benötigen zusätzlich eine feuerfeste Pfanne (ohne Kunststoffteile) mit etwa 26 cm Durchmesser.

Für diesen Kuchen sollte der Ofen eine Temperatur von 170–200 °C haben, ohne Flammen, da die Tür geschlossen bleibt. Die Backzeit hängt etwas von der tatsächlichen Temperatur ab.

Ein Drittel der Butter mit dem braunen Zucker in eine Pfanne geben und bei mittlerer Hitze auf den Herd stellen. Unter Rühren schmelzen lassen, bis eine dunkelbraune Karamellsauce entsteht. Anschließend den Herd ausschalten und die Sauce abkühlen lassen.

Sobald die Sauce kalt ist, die Nektarinen mit der Schnittfläche nach unten in die Pfanne auf die Sauce legen. Die Himbeeren mit der offenen Seite nach oben dazwischen stecken, sodass am Ende eine dicht gepackte Fruchtschicht entstanden ist. Die Fruchtschicht kann so ordentlich wie möglich oder auch völlig wahllose zusammengestellt werden. Die Pfanne dann bis zum Backen beiseitestellen; sie kann problemlos einige Stunden im Kühlschrank aufbewahrt werden.

Sobald es losgehen kann, den weißen Zucker mit der restlichen Butter schaumig schlagen, entweder mit dem Handrührgerät oder in einer Küchenmaschine. Nacheinander die Eier dazugeben. Zuletzt das Mehl, die gemahlenen Mandeln und die Milch hinzufügen und alles glatt rühren.

Den Teig über die vorbereiteten Früchte gießen und mit einem Messer bis zum Rand glatt streichen. Die Pfanne in den Ofen stellen und bei geschlossener Tür backen, bis die Oberseite goldbraun ist. Ein in die Mitte gestochener Metallspieß sollte sich sauber wieder herausziehen lassen. Bei 180–190 °C dauert das etwa 25 Minuten; ist die Temperatur niedriger, sind es eher 30–35 Minuten. Den Kuchen nach der Hälfte der Backzeit prüfen und einmal drehen, damit er gleichmäßig gart. Ist der Ofen sehr heiß, sodass der Kuchen zu rasch bräunt, die Pfanne an einen kühleren Ort im Ofen schieben oder locker mit Alufolie abdecken.

Den fertigen Kuchen aus dem Ofen holen und in der Pfanne 15 Minuten abkühlen lassen. Anschließend den Rand mit einem Messer lösen und das Ganze auf einen Servierteller stürzen.

NOCH ETWAS …

- Statt Nektarinen Apfelspalten verwenden – Sie benötigen 2–3 Äpfel und 1 Teelöffel Zimt oder Mixed Spice (siehe S. 106), den Sie mit in den Teig geben.
- Machen Sie es einmal Retro – backen Sie den klassischen Gestürzten Ananaskuchen mit Ananasringen aus der Dose und kandierten Kirschen in den Löchern. Ein echter Klassiker!

FLAPJACK/HAFERRIEGEL

Bei mir müssen Flapjacks an den Rändern knusprig sein. Ich mag ein bisschen Widerstand, wenn ich hineinbeiße – so hat sie meine Mutter immer gemacht, als ich klein war, und so backe ich sie heute auch für meine Kinder. Falls Sie die Riegel lieber weicher mögen, wie viele Menschen die ich kenne, ist das kein Problem. Backen Sie diese einfach etwas kürzer in einer kleineren, tieferen Form. Bei Flapjacks ist Schlichtheit immer die beste Wahl: Die Verbindung von Butter, Zucker, Sirup und Haferflocken ist einfach perfekt. Dennoch finden Sie unten einige Geschmacksvarianten, wenn Sie gerne herumexperimentieren. Verwenden Sie eine Mischung aus kernigen und zarten Haferflocken, das macht die Riegel knuspriger und verbessert insgesamt die Konsistenz.

170–200 °C
ERGIBT ETWA 16 RIEGEL

250 g Butter
250 g Golden Syrup (alternativ Karamellsirup)
100 g Soft Brown Sugar (gibt es Online, oder durch dunklen Rohrzucker ersetzten)
500 g Haferflocken

Sie brauchen eine Backform – entweder eine quadratische 1 cm tiefe Form mit 28 cm Kantenlänge für dünne, knusprige Riegel oder eine 3–4 cm tiefe Form mit nur 23 cm Kantenlänge. Darin werden die Flapjacks dicker und weicher. Legen Sie die Form anschließend mit Backpapier aus, das erleichtert das Herausnehmen der fertigen Backware.

Der Ofen sollte eine Temperatur von 170–200 °C haben. Die genaue Temperatur ist aber nicht so wichtig; die Haferriegel brauchen einfach mehr oder weniger Backzeit.

Die Butter, den Sirup und den Zucker bei mittlerer Hitze in einem kleinen, schweren Topf schmelzen. Wird Sirup aus einer Dosierflasche verwendet, ist die Bestimmung der richtigen Menge ganz einfach. Kommt er jedoch aus einer traditionellen Dose, einen Esslöffel in heißem Wasser einige Sekunden erhitzen und mit diesem den Sirup portionieren. Das erspart eine Menge klebrige Arbeit, da der Sirup ganz einfach vom Löffel rutscht.

In der Zwischenzeit die Haferflocken in eine Schüssel geben und gut verrühren (wenn beide Sorten verwendet werden). Die heiße Mischung darübergießen, sorgfältig verrühren und dann in die gewählte Form löffeln. Mit der Rückseite des Löffels glatt streichen und bis zum Backen beiseitestellen. Die rohe Masse hält sich zugedeckt problemlos einige Stunden.

Die Form anschließend in den Ofen schieben und die Flapjacks backen, bis die Oberseite tief goldbraun ist. Je nach Hitze und gewünschter Konsistenz dauert das 20–30 Minuten. Frisch aus dem Ofen fühlt sich die Masse noch weich an, wird aber beim Abkühlen fester. Ist das Ganze etwas abgekühlt, mit einem scharfen Messer in 16 etwa gleich große Riegel schneiden. Ganz abgekühlt können sie in einer luftdicht verschlossenen Blechdose aufbewahrt werden.

NOCH ETWAS …

Bei all diesen Varianten einfach die Zutaten unterrühren, sobald die Grundmasse fertig ist:

- Ein oder zwei Handvoll Trockenfrüchte – Sultaninen, Rosinen, Cranberrys, gehackte Aprikosen, Pflaumen oder Kokosnuss.
- Eine Handvoll gehackter Nüsse oder Samen.
- Schokotropfen – weiß, dunkel oder Vollmilch.
- Etwas fein gehackter eingelegter Ingwer oder einige Löffel Konfitüre mit Stücken.

M'HANNCHA (SCHLANGENKUCHEN)

Knuspriger Teig, um mit Rosenwasser aromatisierte Mandelcreme gewickelt und dann aufgerollt, bis es wie eine Schlange aussieht – M'hanncha backt man am besten für Besuch – und serviert es zusammen mit Kaffee als Abschluss einer wunderbaren Mahlzeit. Es hält sich auch recht lange, sodass Sie jederzeit ein kleines (oder großes) Stück der Rolle abschneiden können. Dieses traditionelle Dessert aus dem Norden Marokkos wird normalerweise mit Brik-Teig (Warka) gebacken, hier habe ich jedoch den viel einfacher zu bekommenden Blätterteig verwendet.

160–180 °C
ERGIBT 1 GROSSEN KUCHEN FÜR 8–10 PORTIONEN

200 g Butter, gewürfelt
250 g Puderzucker + extra Zucker zum Bestäuben
400 g gemahlene Mandeln
2 Eier
1–3 EL Rosenwasser (nach Geschmack)
125 g getrocknete Aprikosen, fein gehackt
100 g Pistazien, gehackt
220–250 g Blätterteig
50 g geschmolzene Butter zum Bepinseln

Sie benötigen zudem eine Springform mit 23 cm Durchmesser, den Boden mit Backpapier ausgelegt und sowohl die Seiten als auch den Boden mit Butter gefettet.

Die Butter in eine Küchenmaschine geben (oder eine große Schüssel und ein Handrührgerät verwenden) und mit dem Flachrührer weich schlagen. Den Puderzucker hinzugeben und zunächst auf niedriger Stufe weiter schlagen, damit der Zucker nicht so staubt. Ist er untergerührt, die Masse auf hoher Stufe schaumig schlagen. Die gemahlenen Mandeln und die Eier dazugeben und alles zu einer glatten, cremigen Masse verarbeiten. Nun das Rosenwasser hinzufügen – mit 1 EL anfangen und nach Geschmack mehr verwenden – und schließlich die Aprikosen und den Großteil der Pistazien unterheben (einige zum Dekorieren aufheben). Die Masse dann einige Stunden im Kühlschrank fest werden lassen.

Wenn Sie bereit sind, den Kuchen „zusammenzubauen", was einige Stunden vor dem Backen erfolgen kann, ein Blatt Blätterteig auf der Arbeitsfläche ausrollen. Den Rest mit einem feuchten Küchenhandtuch abdecken, damit er nicht austrocknet.

Den Blätterteig mit Butter bepinseln und dann einmal zusammenfalten, damit er doppelt so dick ist. Etwas Füllung auf die Seite geben, die Ihnen am nächsten ist, dabei aber einige Zentimeter an den Ende frei lassen. Die Füllung zu einer Rolle mit 2 cm Durchmesser formen. Die Enden des Blätterteigs darüberfalten und das Ganze dann zu einem ordentlichen Zylinder aufrollen. Den Zylinder dann spiralförmig aufwickeln, wie ein Schneckenhaus (oder eine schlafende Schlange). Der Teig kann dabei etwas einreißen – dies ist der schwierigste Teil, da die Winkel so eng sind. Die Spirale dann in die Mitte der Springform legen und alle Risse mit etwas Blätterteig flicken, der mit geschmolzener Butter festgeklebt wird.

Für den nächsten Teil der Schlange, der einfacher zu wickeln ist, zwei Blatt Blätterteig verwenden und den Rest wieder zudecken. Ein Blatt mit Butter bestreichen und das zweite dann obenauf legen. An der Seite, die Ihnen am nächsten ist, wieder eine Füllungsrolle formen, die Ende darüberschlagen und alles zusammenrollen. Die Rolle direkt dort ansetzen, wo die erste Spirale endete und weiter wickeln, damit die Schlange größer wird. Jegliche Risse mit Blätterteig und geschmolzener Butter reparieren. Den ganzen Prozess wiederholen, bis die gesamte Füllung verbraucht ist. Die fertige Teigschlange rund herum mit Butter bepinseln und bis zum Backen beiseitestellen.

Die Springform dann in den Ofen stellen, die Tür schließen und den Kuchen etwa 45 Minuten backen, bis der M'hanncha goldbraun und knusprig ist. Die Form während der Backzeit 1–2-mal drehen, damit der Kuchen gleichmäßig gart. Falls er zu braun wird, locker mit Alufolie abdecken – ist der Ofen sehr heiß, kann das rasch passieren. Anschließend aus dem Ofen holen, auf Raumtemperatur abkühlen lassen und dann vorsichtig aus der Form lösen. Vor dem Servieren die restlichen Pistazien darüberstreuen und den Kuchen großzügig mit Puderzucker bestäuben. Zum Essen einfach Stücke von der Schlange abbrechen.

NOCH ETWAS …

- Das Rosenwasser durch Orangenblütenwasser ersetzen.
- Die Aprikosen durch gehackte Datteln oder gemischte kandierte Zitrusschale austauschen.
- Statt Pistazien andere Nüsse verwenden – Wal- oder Haselnüsse eignen sich gut.

GRAUPEN-ORZOTTO MIT GEBRATENEM KÜRBIS UND MASCARPONE

Orzotto ist, einfach gesagt, ein Risotto aus Graupen statt aus Reis. Ich muss sagen, mir schmeckt es fast besser, da die Getreidekörner leicht bissfest bleiben und dem Gericht so mehr Gehalt verleihen. Sie müssen jedoch etwas Cremiges hinzufügen, da Graupen nicht so viel Stärke enthalten wie Reis. Hier erreichen wir das durch eine großzügige Portion Mascarpone; Sie könnten aber z. B. auch sehr reifen Gorgonzola verwenden. Der Kürbis erhält durch das Braten im Holzofen ein intensives Aroma, deshalb sollten Sie sich ausreichend Zeit nehmen, damit die Schnittränder schön karamellisieren können, bevor Sie ihn in die Brühe geben.

230–240 °C
ERGIBT 4 PORTIONEN

1,1–1,2 kg Kürbis, geschält, in 2 cm großen Stücken
2 EL Olivenöl
einige Zweige frischer Thymian oder 1 TL getrockneter Thymian
Salz und frisch gemahlener schwarzer Pfeffer
2 rote Zwiebeln, gewürfelt
3 Knoblauchzehen, gehackt
300 g Graupen
1 l Gemüse- oder Hühnerbrühe
250 g Mascarpone

Zum Servieren
eine Handvoll Basilikumblätter, fein gerupft
Parmesanspäne

Die Kürbisstücke in eine tiefe, feuerfeste Pfanne geben. Mit dem Olivenöl übergießen, die Thymianzweige hineinstecken, alles großzügig mit Salz und Pfeffer würzen und sorgfältig mischen. Die Pfanne in den heißen Ofen schieben und 15 Minuten schmoren. Anschließend herausholen, die Zwiebeln unterheben und das Ganze weitere 20 Minuten braten, dabei 1–2-mal umrühren, damit der Kürbis gleichmäßig gart. Die Pfanne noch einmal herausholen, den Knoblauch dazugeben und dann weitere 5 Minuten schmoren.

Danach die Graupen mit in die Pfanne geben und das Ganze mit der Brühe aufgießen. Sorgfältig umrühren. Die Pfanne wieder in den Ofen schieben und 30 Minuten backen, dabei einige Male umrühren. Nach Ablauf der Garzeit die Graupen kosten – sie sollten weich aber noch leicht bissfest sein. Sollten sie noch zu hart sein, einen Schuss Wasser unterrühren und einige Minuten länger garen.

Zu guter Letzt den Mascarpone unterheben und die Pfanne noch einmal für 5 Minuten in den Ofen stellen. Nicht zu sehr rühren – es ist großartig, wenn man beim Essen auf einzelne „Taschen“ mit geschmolzenem Käse stößt.

Zum Servieren in vorgewärmte Schüsseln geben und mit reichlich Basilikum und Parmesan bestreuen.

GEBRATENER BLUMENKOHL SFORMATO

Der ursprünglich aus Italien stammende Sformato ist eine Art Kreuzung aus einem festen Soufflé und einer Quiche ohne Teig. Zusammen mit einem Salat serviert ergibt es ein leckeres Hauptgericht. Ein wichtiger Trick ist es, das Gemüse kräftig zu rösten, damit es wunderbar karamellisiert und das Ganze großzügig zu würzen – mit Salz und Pfeffer, Kräutern und Gewürzen sollten Sie also nicht geizen.

220–270 °C
ERGIBT 4–6 PORTIONEN

1 großer Blumenkohl, in Röschen zerteilt
1 große Zwiebel, fein gewürfelt
3 EL Olivenöl + extra Öl zum Einfetten der Form
1 kleiner Bund Salbei, grob gehackt
Salz und frisch gemahlener schwarzer Pfeffer
80 g Butter
80 g Mehl
800 ml Milch
75 g Parmesan, frisch gerieben
2 TL Dijonsenf
5 große Eier

Weiterhin benötigen Sie eine 6 cm tiefe Springform mit 23 cm Durchmesser, ausgelegt mit Backpapier und mit etwas Olivenöl bepinselt.

Der Ofen sollte für dieses Rezept zunächst recht heiß sein, 260–270 °C, zum Backen des Sformato darf die Temperatur dann aber nur noch bei 220–230 °C liegen.

Den Blumenkohl und die Zwiebel in einen großen Bräter geben, mit dem Öl beträufeln, den Salbei darüberstreuen und alles großzügig mit Salz und frisch gemahlenem schwarzen Pfeffer würzen. Sorgfältig umrühren, in den Ofen schieben und bei etwa 260 °C 35–40 Minuten mit leicht geöffneter Tür braten. 1- oder 2-mal umrühren, damit der Blumenkohl gleichmäßig gart. Er sollte am Ende weich aber noch etwas bissfest sein und leicht karamellisierte Ränder haben.

In der Zwischenzeit die Butter auf dem Herd in einem großen Topf schmelzen und langsam das Mehl einrühren, sodass eine Mehlschwitze entsteht. Unter ständigem Rühren nach und nach die Milch hinzugeben und dann alles aufkochen, damit die Sauce eindickt. Das Ganze 5–8 Minuten köcheln lassen und dabei immer wieder umrühren. Dann den Herd abstellen und den Käse, den Senf und eine Prise Pfeffer sowie ggf. auch etwas Salz unterrühren (daran denken, dass der Blumenkohl bereits gewürzt ist). Die Eier hineinschlagen und alles kräftig verrühren. Bis zur Verwendung beiseitestellen.

Den Blumenkohl aus dem Ofen holen, sobald er gar ist. Zeitgleich die Temperatur am Boden des Ofens prüfen – sie soll bei 220–230 °C liegen. Ist sie in Ordnung, die Ofentür schließen. Ist der Ofen jedoch noch zu heiß, die Ofentür zum Abkühlen offen lassen.

Den Blumenkohl mit einem Löffel ein wenig zerkleinern, sodass größere und kleinere Stücke entstehen. Die Sauce hineingießen, zusammen mit den Zwiebeln und den knusprigen Salbeistücken. Alles sorgfältig mischen. Hat der Ofen die richtige Temperatur erreicht, die Mischung in die Springform gießen und 45–50 Minuten backen. Ein in die Mitte gestochener Holzspieß sollte sich sauber herausziehen lassen. Der Sformato ist nun goldbraun und in der Mitte noch leicht wackelig. Nach der Hälfte der Garzeit die Form einmal drehen, damit die Masse gleichmäßig gart. Wird das Ganze zu braun, locker mit einem Stück Alufolie abdecken.

Den fertigen Sformato 10 Minuten abkühlen lassen und dann vorsichtig aus der Springform lösen. In Keile schneiden und mit einem Tomatensalat servieren.

NOCH ETWAS …

- Den Blumenkohl durch die gleiche Menge Karotten ersetzen (in 3–4 cm großen Stücken). Mit 1 EL Kreuzkümmel würzen anstelle des Salbeis und eine Handvoll gehackten Koriander unterheben.
- Die gleiche Menge gehackten Butternut-Kürbis verwenden und diesen mit Koriandersamen und Chiliflocken anstelle des Salbeis würzen. Eine Handvoll gehackte glattblättrige Petersilie in die Sauce geben.

IN ZEITUNGSPAPIER GEBACKENER LACHS, GEFÜLLT MIT WINTER-ZWIEBELN UND PINIENKERNEN

Die Zubereitung eines großen Lachsstückes ist immer etwas Besonderes. Dies ist genau die Art Rezept, die ich Heiligabend servieren würde, zusammen mit Dauphinoise-Kartoffeln (siehe S. 151) und knackiger Brunnenkresse oder Purple Sprouting Brokkoli. Die Gewürze sind eine diskrete Anspielung auf die Jahreszeit während der großzügige Einsatz von Petersilie und Pinienkernen dem Ganzen eine nahöstliche Note verleiht. Ich verwende gerne zwei Lachsfilets à 1 kg und gebe die „Füllung" dazwischen, da sich der Fisch so viel einfacher aufschneiden lässt. Zudem achte ich darauf dass mein Fischhändler die Filets so zurechtschneidet, dass sie gleich groß sind und perfekt aufeinander passen. Sie können das Rezept aber auch entsprechend anpassen und einen 2 kg schweren Lachs im Ganzen verwenden und die Bauchhöhle füllen. Die Garzeit sollte etwa gleich sein.

200–230 °C
ERGIBT ETWA 8 PORTIONEN

2 Lachsfilets, je ca. 1 kg
1 Zitrone, geviertelt, zum Servieren

Für die Füllung
100 g Pinienkerne
1 EL Olivenöl
2 EL Butter
3 rote Zwiebeln, in Scheiben geschnitten
½ TL Zimt
½ TL Muskatblüten
1 Prise Nelkenpulver oder ½ TL ganze Nelken
Salz und frisch gemahlener schwarzer Pfeffer
1 großer Bund frische Petersilie, gehackt

Sie brauchen zudem Backpapier, eine ganze Tageszeitung und etwas Küchengarn zum Zubinden.

Der Ofen sollte eine Temperatur von 200–230 °C haben, mit wenigen Flammen und reichlich Glut, damit die Tür angelehnt bleiben kann.

Zunächst die Füllung zubereiten. Dies kann einige Stunden im Voraus geschehen. Eine große Pfanne bei starker Hitze auf den Herd stellen, die Pinienkernen hineingeben und rasch goldbraun rösten. Anschließend in eine Schüssel schütten und beiseitestellen.

Die Hitze reduzieren, das Olivenöl und die Butter in die Pfanne geben und kurz schmelzen lassen. Nun die Zwiebeln hinzufügen und gut 30–40 Minuten dünsten, bis sie weich und karamellisiert sind. Nach der Hälfte der Zeit den Zimt, die Muskatblüten und die Nelken unterrühren und alles mit Salz und Pfeffer abschmecken. Sobald die Zwiebeln weich sind, die Petersilie und die Pinienkerne unterheben und alles in einer Schüssel abkühlen lassen.

Nun ein Lachsfilet mit der Haut nach unten auf ein großes Blatt Backpapier legen. Die Füllung obenauf geben, bis an die Ränder verteilen und fest andrücken. Das zweite Filet mit der Haut nach oben darauf legen, sodass ein „Lachssandwich" entsteht. Den Fisch außen mit Salz und Pfeffer würzen. Das Ganze dann in das Backpapier einschlagen, sodass der Fisch komplett eingewickelt ist. Nun die Zeitung ausbreiten, das Lachspaket darauflegen und fest einwickeln. Anschließend an mehreren Stellen mit dem Küchengarn fest zusammenbinden – ggf. ein zweites Paar Hände zu Hilfe holen, damit die Knoten schön fest werden.

Das Zeitungspaket unter fließend kaltem Wasser rundherum befeuchten. Auf diese Weise verbrennt es in der Hitze des Ofens nicht. Zu guter Letzt auf ein großes Backblech legen, in den Ofen schieben und 1–1 ¼ Stunden backen. Einen Spieß an der dicksten Stelle durch das Papier in den Lachs stechen und 30 Sekunden dort lassen. Die Spitze des Spießes dann an die eigene Unterlippe halten – er sollte heiß aber nicht glühend heiß sein. Fühlt er sich noch eher kühl an, den Lachs weitere 10 Minuten backen und dann erneut prüfen.

Ist der Lachs gar, das Zeitungsbündel auf einen Servierteller legen, aufschneiden und die Papierschichten wegziehen, sodass der Fisch darunter zum Vorschein kommt. In dicke Stücke schneiden und mit Zitronenspalten zum Auspressen servieren.

ROGGENKRÄCKER MIT KÜMMEL UND SALZ

Diese knusprigen, herzhaften Kräcker sollen eigentlich mit den Rillettes auf S. 183 gegessen werden, passen aber auch sehr gut zu anderem Aufschnitt, Pasteten oder Käse. Wollen Sie die Kräcker mit den Rillettes servieren, sollten Sie diese vor dem Fleisch in den Ofen schieben, wenn dieser noch heißer ist. Die Temperatur ist hier nicht entscheidend – die Kräcker sollen austrocknen und ein bisschen Farbe annehmen und je nach Hitzegrad dauert das eben etwas kürzer oder länger. Luftdicht aufbewahrt halten sie sich etwa eine Woche.

180–210 °C
ERGIBT 28–30 STÜCK

125 g Mehl + extra Mehl zum Ausrollen
125 g Roggenmehl
1 TL dunkler Rohrzucker
½ TL Backpulver
½ TL Salz
50 g Butter, gewürfelt
125 ml Milch
1 Ei, verquirlt
1–2 EL Kümmelkörner (nach Geschmack)
Fleur de Sel

Beide Mehlsorten, den Zucker, das Backpulver und das Salz in einer Schüssel mischen. Die Butterwürfel dazugeben und mit der Fingern verreiben, bis grobe Krümel entstehen. Die Milch hineingießen und mit einem Löffel zu einem glatten Teig verrühren. Mit Frischhaltefolie zugedeckt 30 Minuten bei Raumtemperatur ruhen lassen. Der Teig kann bereits einige Stunden vor dem Backen vorbereitet werden.

Anschließend die Arbeitsfläche und ein Backblech leicht mit Mehl bestreuen.

Den Teig so ausrollen, dass er ungefähr die Form des Backblechs hat und etwa 2 mm dick ist. Den Teig dabei mehrmals anheben und drehen, damit er nicht festklebt. Nach Bedarf die Ränder gerade schneiden, damit die Kräcker hübscher aussehen.

Den Teig nun vorsichtig um das Nudelholz wickeln und damit auf das Backblech transferieren. Sobald der Teig richtig liegt, überall mit einer Gabel einstechen und in Kräckerform tief einritzen. Ich bevorzuge eine Rautenform, aber jede Form, die sich leicht abbrechen lässt, ist in Ordnung.

Das Ei in einer Schüssel mit 1 EL Wasser verrühren. Den Teig damit bepinseln und dann großzügig mit Kümmelkörnern und Meersalzflocken bestreuen.

Bei offener oder geschlossener Tür im Ofen 15–20 Minuten backen. Das Blech nach der Hälfte der Zeit einmal drehen. Die Kräcker sind fertig, wenn sie tief goldbraun und rundherum sehr knusprig sind. Sie werden beim Abkühlen noch knackiger. Nach dem Abkühlen in einzelne Kräcker brechen und luftdicht verschlossen aufbewahren.

NOCH ETWAS ...

- Statt Kümmel z. B. Fenchel-, Schwarz- oder Kreuzkümmelsamen verwenden.
- Kürbis- oder Sonnenblumenkerne bzw. Sesamkörner verwenden.

IN SALZ GEBACKENE ROTE-BETE-MAYONNAISE

Selbst gemachte Mayonnaise ist fantastisch zum Dippen von Gemüse, aber wenn Sie noch salzgebackene Rote Bete untermischen, erreicht es ein ganz neues Niveau. Die leuchtend gefärbte Creme mit ihrem erdigen Aroma schmeckt genauso toll wie sie aussieht. Natürlich passt dazu nicht nur Purple Sprouting Brokkoli sondern auch anderes Gemüse wie Spargel oder neue Kartoffeln bzw. gegrillte Garnelen, Hühnchen oder Steak.

ETWA 180 °C
ERGIBT EINE SCHÜSSEL FÜR ETWA 6 PORTIONEN ALS VORSPEISE ODER ALS TEIL EINER TAPAS-MAHLZEIT

2 Eier
750 g Tafelsalz
2 mittelgroße/große Rote Bete (je ca. 200 g) roh, ungeschält
1 TL Dijonsenf
1 Knoblauchzehe, grob gehackt
200 ml geschmacksneutrales Pflanzenöl
50 ml extra-vergines Olivenöl
1–2 EL Weißweinessig (nach Geschmack)
Salz und frisch gemahlener schwarzer Pfeffer

Zum Servieren
400–500 g Purple Sprouting Brokkoli
2 EL Olivenöl

Die Eier trennen und die Schüssel mit dem Eigelb für später in den Kühlschrank stellen.

Das Eiweiß mit dem Salz verrühren, bis es wie feuchter Sand aussieht. Jeweils die Rote Bete rundherum mit dem feuchten Salz einpacken und gut andrücken. Das Salz soll eine etwa 1 cm dicke Schicht um das Gemüse herum bilden und sie vollkommen einschließen. Anschließend in einen kleinen Bräter legen und 2 Stunden backen.

Den Brokkoli in der Zwischenzeit einige Minuten in kochendem Wasser blanchieren und dann sofort kalt abspülen, damit der Garprozess gestoppt wird. Auf einen Servierteller legen, mit etwas Olivenöl beträufeln und mit Salz und Pfeffer würzen.

Die Rote Bete aus dem Ofen holen und die Tür sofort wieder schließend, damit die Hitze erhalten bleibt.

Die Salzkruste wird nun ganz fest und goldbraun sein. Mit einem Küchenhandtuch zum Schutz der Hände eine Rote Bete fassen und mit einem Dreh des Handgelenks aus dem Bräter holen. Zurück bleibt eine Basis aus fest angebackenem Salz. Den Rest der Salzhülle vorsichtig mit einem Messer entfernen, dann das Ganze mit den restlichen Rote Bete wiederholen. Das Gemüse anschließend schälen, eine halbe Rote Bete zum Garnieren beiseitelegen und den Rest grob schneiden. Dann in der Küchenmaschine ganz glatt pürieren und das Püree auf einen Teller streichen, damit es schnell abkühlt. Während die Mayonnaise zubereitet wird, das Püree im Kühlschrank aufbewahren.

Die Schüssel der Küchenmaschine sorgfältig waschen und trocknen. Anschließend die Eigelbe, den Senf und den Knoblauch dazugeben und verrühren. Die beiden Ölsorten in einen Messbecher geben und bei laufendem Motor tröpfchenweise dazugeben.

Beginnt das Ei einzudicken, kann das Öl etwas rascher dazugegeben werden, jedoch maximal in einem sehr dünnen Strahl und immer bei laufendem Motor. Wird das Öl zu schnell eingegossen, kann es passieren, dass die Mischung sich trennt.

Ist das Öl komplett eingearbeitet, bei laufendem Motor das Rote-Bete-Püree löffelweise dazugeben. Ist das ganze Püree verarbeitet, einen Löffel Essig unterheben und abschmecken. Nach Bedarf etwas mehr Essig dazugeben. Die Mayonnaise zu guter Letzt mit reichlich schwarzem Pfeffer und ggf. etwas Salz würzen und in eine Servierschüssel füllen.

Mit etwas Glück hat das Feuer noch etwas Leben in sich. In der Mitte des Ofens ein neues kleines Feuer entzünden und dieses 20 Minuten brennen lassen, sodass eine gute Rösttemperatur entsteht. Den Brokkoli in den Ofen legen und 15 Minuten rösten, bis er an einigen Stellen wunderbar geschwärzt ist. Zum Servieren auf einem Teller anrichten und dazu die leuchtend pink gefärbte Mayo reichen.

4

ABKÜHLEN

DIE SINKENDE TEMPERATUR DES HOLZOFENS NUTZEN

DIE SINKENDE TEMPERATUR DES HOLZOFENS NUTZEN

Sobald die Pizzen fertig sind und alles andere gebraten, gegrillt oder gebacken wurde, steckt immer noch ein ordentliches Potenzial an Resthitze in den Wänden und dem Boden Ihres Ofens. Ist er rundherum gut isoliert, besitzen Sie im Grunde einen riesigen Slowcooker und in diesem Kapitel finden Sie reichlich Ideen, das Allerbeste aus dem langsamen Braten, Schmoren und Backen zu machen, sogar über Nacht.

Ich habe das Kapitel zweigeteilt, in Rezepte, die bis zu 4 Stunden benötigen und in solche, die Sie die ganze Nacht über im Ofen lassen können. Bei Letzteren feuere ich meinen Ofen meist am Nachmittag an und koche dann den ganzen Abend hindurch. Die folgenden Rezepte habe ich vorbereitet und schiebe sie in den Ofen, bevor ich ins Bett gehe, damit ich die wunderbar langsam und gleichmäßig sinkende Temperatur maximal ausnutzen kann. Falls Sie natürlich ein Frühaufsteher sind und Pizza für das Mittagessen backen, kommt die Abkühlphase Ihres Ofens sehr viel früher – mit „über Nacht" ist dann natürlich einfach der abkühlende Ofen gemeint. Egal wie, die „über Nacht"-Rezepte benötigen im Durchschnitt 7–10 Stunden oder mehr.

Wenn Sie die Brennstoffeffizienz Ihres Ofens voll ausnutzen wollen, sollten Sie immer ein oder zwei dieser Gerichte vorbereitet haben. Manchmal kann das etwas so simples sein, wie einen Topf mit Bohnen (siehe S. 168). Ein anderes Mal ist es dann wieder etwas so befriedigendes wie die Zubereitung vom Brunch für den nächsten Tag oder gar das Backen des Weihnachtskuchens (siehe S. 185).

Falls Ihr Ofen nicht isoliert ist, werden Sie leider mit vielen der Gerichte aus diesem Kapitel Schwierigkeiten bekommen, da Ihr Ofen zu schnell Hitze verliert. Da aber jeder Ofen unterschiedlich ist, werden Sie im Laufe der Zeit lernen, wie Ihr Gerät nach dem Anheizen reagiert, wie rasch er abkühlt und wie steil die sinkende Temperaturkurve wirklich ist. Haben Sie noch keinen Ofen gekauft oder gebaut empfehle ich Ihnen eindringlich, auf eine gründliche Isolierung rundherum zu achten, damit Sie sein Potenzial später voll und ganz ausschöpfen können.

HERUNTERKÜHLEN EINES ZU HEISSEN OFENS

Es wird Ihnen frustrierender Weise öfter passieren, dass Sie mühsam versuchen werden, einen zu kühlen Ofen wieder richtig anzuheizen. Hin und wieder ist Ihr Ofen aber nach einer tollen Kochsession noch viel zu heiß für die Zubereitung der meisten Rezepte in diesem Kapitel. Sie müssen ihn also abkühlen und obwohl das Offenlassen der Tür durchaus funktioniert, dauert das manchmal ziemlich lange. Es gibt aber einen viel einfacheren Weg. Stellen Sie einen großen Topf – z. B. einen Suppentopf – mit kaltem Wasser in den Ofen. Das von Ihnen entzündete Feuer produziert eine gewisse Menge Energie in Form von Hitze und diese Energie müssen Sie loswerden. Das geht am einfachsten, wenn die Hitze auf das Gargut übertragen wird. Indem Sie einen Topf mit kaltem Wasser in den Ofen stellen, das sehr schnell zu kochen beginnen wird, transferieren Sie die Hitzeenergie auf das Wasser. Zudem erhalten Sie so gleich einen Topf mit heißem Wasser für den Abwasch.

AUSRÜSTUNG FÜR DAS LANGSAME GAREN

Die folgenden Gerichte können Sie in nahezu jedem Kochgefäß zubereiten, solange es weder Holz- noch Kunststoffgriffe hat. Terrakotta- und Steinguttöpfe und -bräter sind toll, genauso wie solche aus Gusseisen. Durch das Zudecken mit Deckeln oder Folie verhindern Sie, dass das Gargut im Laufe der langen Garzeit austrocknet. Bei einigen Rezepten (dem Barbacoa-Rindfleisch auf S. 175, dem Beef Rendang auf S. 176 und dem Lamm-Tangia auf S. 172) empfehle ich das Abdecken mit feuchtem, fettdichtem Papier, um die Feuchtigkeit einzuschließen. Andere Rezepte, wie das Bettler-Hühnchen auf S. 159, sind in ihre eigene Schutzhülle gewickelt.

Einige Gerichte benötigen sehr sanfte Hitze, z. B. der Weihnachtskuchen auf S. 185 und das Baiser auf S. 166. Bei diesen schlage ich vor, sie ein Stück vom Boden zu entfernen, z. B. auf ein Gitter zu stellen oder auf etwas, das Sie auch zum Grillen verwenden (siehe S. 46). Ich habe sogar schon einen Dachziegel aus Terrakotta als Kochgestell verwendet, wenn der Boden des Ofens noch zu heiß war.

LANGSAM GEGARTE LAMMSCHULTER MIT FENCHEL UND KNOBLAUCH

Eine ganze Lammschulter ist ein wunderbares Festmahl und dank der langen Garzeit bietet sie sich perfekt für die Zubereitung im Holzofen an. Ich schmore sie hier etwa 3 Stunden, aber da das Fleisch wirklich viel verzeiht, können Sie es problemlos auch 4 Stunden im Ofen lassen, solange dieser nicht zu heiß ist und Sie das Ganze locker mit Alufolie abdecken, damit es nicht zu braun wird. Ich serviere dazu am liebsten die köstlichen Kartoffeln Dauphinoise auf S. 151 oder ihren bescheideneren Cousin, die Boulangère Kartoffeln (S. 150). Beide werden etwa 1 ½ Stunden vor dem Servieren neben das Lamm in den Ofen geschoben.

180–220 °C
ERGIBT ETWA 6 PORTIONEN

2 EL Fenchelsamen
1 EL schwarze Pfefferkörner
6 dicke Knoblauchzehen, grob gehackt
1 EL Olivenöl
1 TL Salzflocken
2,2–2,4 kg Lammschulter mit Knochen
2 große Zwiebeln, in Scheiben geschnitten
400–500 g kleine Karotten, geputzt
Salz und frisch gemahlener schwarzer Pfeffer

Die Fenchelsamen und Pfefferkörner mit Mörser und Stößel grob zerstoßen. Den Knoblauch, das Olivenöl und das Salz dazugeben und das Ganze zu einer Paste verreiben.

Das Fleisch in einen großen Bräter legen und rundherum mit einem scharfen Messer kleine Schlitze hinein schneiden. Nun die Paste darauf verteilen und kräftig einreiben, besonders auch in den Schlitzen. Zugedeckt einige Stunden, besser noch über Nacht, kalt stellen.

Das Fleisch einige Stunden vor der Zubereitung aus dem Kühlschrank holen und auf Raumtemperatur erwärmen lassen.

Anschließend für 1 Stunde in den Ofen schieben. Danach locker mit Alufolie abdecken und eine weitere Stunde schmoren. Nun die Zwiebeln und die Karotten um das Lamm herum verteilen und in den ausgetretenen Fleischsäften wälzen. Das Ganze dann noch einmal eine Stunde in den Ofen stellen – das Fleisch sollte nun ganz zart sein.

Das Lamm zum Servieren auf einer Platte anrichten, das Gemüse drum herum verteilen und zu guter Letzt den Bratensaft darüberlöffeln.

GRIECHISCHE LIMABOHNEN-TOMATENSUPPE MIT OREGANO, FETA UND OLIVEN

Diese herzhafte, gesunde Bohnensuppe steckt voller Sonnenkraft und ist kinderleicht zuzubereiten. Limabohnen sind eine der Hülsenfrüchte, die ich recht schwierig in der Handhabung finde, da sie beim Kochen innen oft schon matschig sind, bevor sie außen weich werden. Im Holzofen zubereitet haben wir dieses Problem nicht, da sie nie wirklich an den Siedepunkt kommen. Natron mag Ihnen als seltsame Zutat erscheinen, es hilft aber dabei, die Schale der Bohnen weich zu machen. Theoretisch könnten Sie diese Suppe die ganze Nacht hindurch köcheln lassen, ich finde aber, die Tomaten verlieren durch eine zu lange Garzeit ihre sommerliche Strahlkraft.

180–210 °C
ERGIBT 6–8 PORTIONEN

2 EL Olivenöl
2 Zwiebeln, gewürfelt
3 Selleriestangen, fein geschnitten
3 Knoblauchzehen, zerdrückt
2 Lorbeerblätter
1 TL getrockneter Oregano
½ TL Zimtpulver
750 g Tomaten, geschnitten
2 EL Tomatenmark
300 g getrocknete Limabohnen
Salz und frisch gemahlener schwarzer Pfeffer
½ TL Natron

Zum Anrichten
200 g Feta, zerbröselt
eine Handvoll Kalamata-Oliven ohne Steine, gehackt
fein gehackte Zesten von 1 Zitrone
1 Knoblauchzehe, fein gehackt
ein kleiner Bund frischer Oregano, Blätter abgezupft und fein gehackt

Das Öl, die Zwiebeln und den Sellerie in einen großen schweren Topf geben – ein gusseiserner Bräter ist ideal. Anschließend 10–15 Minuten im Ofen weich schmoren. Den Knoblauch, die Lorbeerblätter, den Oregano und den Zimt dazugeben, alles sorgfältig verrühren und weitere 5 Minuten schmoren. Nun die Tomaten und das Tomatenmark hineingeben und alles mit 1 ½ l kaltem Wasser aufgießen. Mit Salz und frisch gemahlenem schwarzen Pfeffer abschmecken und dann das Natron darüberstreuen. Alles verrühren, mit einem Deckel oder Alufolie fest verschließen und dann 2 ½–3 Stunden schmoren. Danach sollten die Bohnen weich sein.

An diesem Punkt kann die Suppe abgekühlt und eingefroren werden. Vor dem Essen sollte die Suppe aber wieder kräftig erhitzt werden, sodass sie richtig heiß ist.

Zum Garnieren den Feta, die Oliven, die Zitronenzesten, den Knoblauch und den Oregano in einer Schüssel verrühren. Die Suppe in Schüsseln verteilen und die Garnierung obenauf geben.

SCHINKEN MIT BACKKARTOFFELN UND THYMIANLAUCH

Dicke Scheiben saftiger Schinken gepaart mit lockeren, in reichlich Butter gebadeten Backkartoffeln – ein einfaches, altmodisches Gericht, das nach einem harten Tag am Backofen immer willkommen ist, besonders zur kühleren Jahreszeit. Meine Kinder bestehen immer auf einen Haufen geriebenen Käse auf ihren Backkartoffeln, weil beides ihrer Ansicht nach untrennbar zusammengehört – mir reicht aber das weinselige, buttrige Lauchgemüse als Beilage.

180–200 °C
ERGIBT 4 PORTIONEN

1–1,2 kg Schinken am Stück, geräuchert oder nicht
2 EL Olivenöl
4 mittelgroße Backkartoffeln
2 EL Butter
3 große Lauchstangen, gewaschen, geputzt und schräg in 3 cm dicke Ringe geschnitten
150 ml Weißwein
4–5 Thymianzweige
frisch gemahlener schwarzer Pfeffer

Zum Servieren
viel Butter und ggf. etwas geriebener Käse

Bei diesem Rezept ist die Ofentemperatur nicht entscheidend – es ist eines dieser wunderbar nachsichtigen Gerichte, die je nach vorhandener Hitze einfach mehr oder weniger Zeit benötigen. Idealerweise hat der Ofen 190–200 °C; dann dauert es einige Stunden, in denen nicht viel zu tun ist.

Den Schinken in einen mittelgroßen Bräter legen – er muss auch genug Platz für den Lauch bieten – und mit dem Olivenöl beträufeln. Mit etwas schwarzem Pfeffer würzen, Salz ist aber nicht nötig. Den Schinken locker mit Folie abdecken, falls der Ofen noch eher heiß ist, in den Ofen schieben und die Tür schließen. Sind noch Flammen vorhanden, die Tür angelehnt lassen.

Die Kartoffeln oben mehrfach einschneiden und eng nebeneinander in einen kleinen Bräter legen. Diesen dann neben den Schinken stellen. Passen nicht beide Bräter in den Ofen, die Kartoffeln einfach einzeln fest in Alufolie wickeln und in den Ofen legen, aber nicht direkt an bzw. auf die Glut.

Den Schinken nach einer Stunde überprüfen und ggf. die Folie entfernen. Die Butter in den Bräter geben und schmelzen lassen. Dann den Lauch, den Weißwein, den Thymian und eine kräftige Prise Pfeffer dazugeben. Kurz rühren und den Bräter dann zurück in den Ofen stellen. Gleichzeitig die Kartoffeln prüfen und ggf. die Plätze tauschen, falls einige schneller garen als andere. Das Ganze weitere 50–60 Minuten garen und in dieser Zeit das Lauchgemüse 2-mal umrühren. Der Schinken ist gar, wenn er eine Kerntemperatur von etwa 70 °C hat.

Den Schinken dann herausholen und einige Minuten ruhen lassen. Zum Servieren in dicke Scheiben schneiden und auf vorgewärmte Teller legen. Die Backkartoffeln daneben legen, etwas aufschneiden und reichlich Butter darauf geben. Daneben das Lauchgemüse löffeln.

ZWEI ZART SCHMELZENDE KARTOFFELGERICHTE

Beide Gerichte lassen sich bei einer recht großen Temperaturbandbreite (180–220 °C) zubereiten; je nach Hitze benötigen sie mehr oder weniger Zeit. Im Zweifelsfall müssen Sie die Kartoffeln mit Alufolie abdecken, damit sie nicht zu braun werden. Die auf Sahne basierenden Kartoffeln Dauphinoise neigen dabei eher zum Verbrennen als die Boulangère Kartoffeln auf Brühebasis.

BOULANGÈRE KARTOFFELN

Boulangère Kartoffeln (auf Deutsch „Bäckerinnen-Kartoffeln") sind eines der Bäckerei-Originalrezepte zur perfekten Ausnutzung des abkühlenden Feuers, das sonst verschwendet werden würde. Und was für ein geniales Rezept es ist: zart schmelzende Kartoffeln mit einer knusprigen Kruste. Sie passen hervorragend als Beilage zu gebratenem Fisch oder Hühnchen (probieren Sie dazu das Platte Hühnchen mit Butter-Rub auf S. 76).

180–200 °C
ERGIBT 4–6 PORTIONEN

- 1–1,2 kg mehlige Kartoffeln
- 2 große Zwiebeln, in dünne Scheiben geschnitten
- 2 Knoblauchzehen, fein geschnitten
- eine Handvoll frische Salbeiblätter, fein gehackt
- Salz und frisch gemahlener schwarzer Pfeffer
- 500 ml Gemüse- oder Hühnerbrühe
- 50 g Butter, fein gewürfelt

Die Kartoffeln schälen und in 3–4 mm dicke Scheiben schneiden, am besten mit einer Mandoline. Ein Drittel der Kartoffeln in eine tiefe Auflaufform geben und darauf die Hälfte der Zwiebeln, des Knoblauchs und des Salbeis verteilen. Kräftig mit Salz und Pfeffer würzen. Ein weiteres Drittel der Kartoffeln darauf legen, gefolgt vom Rest Zwiebeln, Knoblauch und Salbei. Zu guter Letzt die letzte Kartoffelschicht obenauf geben und alles mit der Brühe aufgießen. Die Butter darauf verteilen und noch einmal etwas Salz und Pfeffer darüberstreuen.

Die Auflaufform in den Ofen schieben und backen, bis die Kartoffeln innen weich sind und oben eine goldbraune Kruste bekommen haben. Je nach Hitze dauert das 1 ¼–1 ½ Stunden. Werden die Kartoffeln zu schnell braun, einfach mit Alufolie abdecken.

KARTOFFELN DAUPHINOISE

Kartoffeln Dauphinoise sind im Grunde eine dekadente Version der Boulangère Kartoffeln und mein absolut liebstes Kartoffelgericht, das ich sogar auf die berühmte einsame Insel mitnehmen würde. Es sollte aber lieber eine ziemlich kalte Insel sein, denn dieses Rezept ist mit seiner himmlischen Verbindung aus Sahne, Knoblauch und Kartoffel beim besten Willen nicht für ein tropisches Eiland geeignet. Das perfekte Wohlfühlessen für einen kalten Tag (siehe Foto auf S. 145).

180–200 °C
ERGIBT 4–6 PORTIONEN

1–1,2 kg mehlige Kartoffeln
2 Knoblauchzehen, fein gehackt
Salz und frisch gemahlener schwarzer Pfeffer
500 ml Sahne

Die Kartoffeln schälen und in 3–4 mm dicke Scheiben schneiden, am besten mit einer Mandoline. Ein Drittel der Kartoffeln in eine tiefe Auflaufform geben und die Hälfte des Knoblauchs darübergeben. Mit etwas Salz und Pfeffer würzen, dann ein weiteres Drittel der Kartoffel darauf legen. Mit dem restlichen Knoblauch bestreuen, noch einmal würzen und den Rest der Kartoffel darauf verteilen. Vorsichtig die Sahne darübergießen, sodass sich zwischen den Kartoffeln Sahnepfützen bilden. Noch einmal mit Salz und Pfeffer würzen.

Die Auflaufform in den Ofen schieben und backen, bis die Kartoffeln innen weich sind und oben eine goldbraune Kruste bekommen haben. Je nach Hitze dauert das 1 ¼–1 ½ Stunden. Werden die Kartoffeln zu schnell braun, einfach mit Alufolie abdecken.

BACKÄPFEL MIT GEWÜRZTEN RUMROSINEN

Backäpfel lassen sich bei nahezu jeder Temperatur zubereiten, wenn Sie erst einmal mit dem Rest fertig sind. Je nach Hitze brauchen sie einfach etwas mehr oder weniger Zeit. Ich habe hier das Rezept für einen einzelnen, in Folie gewickelten Apfel angegeben. Passen Sie das Rezept einfach an so viele Äpfel an, wie Sie backen wollen. Wickeln Sie die Äpfel trotzdem einzeln ein und legen Sie diese dann auf ein Backblech.

Ich verwende eher kleine Äpfel der Sorte Bramley, da ich den scharfen Kontrast zwischen den herben Äpfeln und der extrem süßen, würzigen Füllung einfach liebe. Noch besser schmeckt es übrigens mit einer Kugel Vanilleeis. Mögen Sie lieber weniger Achterbahn im Mund, probieren Sie es einfach mit einem festen Apfel wie dem Braeburn.

ETWA 180 °C
ERGIBT 1 PORTION, IST ABER LEICHT ANPASSBAR

2 EL Rosinen
1 EL dunkler Rohrzucker
1 kräftige Prise Mixed Spice (siehe S. 106)
1 EL goldener Rum (ich mag Havana Club)

Zum Servieren
ein kleiner Butterwürfel
Vanilleeis oder Schlagsahne

Die Rosinen, den Zucker, eine Prise Mixed Spice und den Rum in einer kleinen Schüssel mischen und dann etwa 1 Stunde ziehen lassen. Falls ein Mikrowellenherd vorhanden ist, die Schüssel 30 Sekunden hineinstellen, das beschleunigt das Ganze.

In der Zwischenzeit das Kerngehäuse des Apfels entfernen und die Schale rundherum (quasi am „Äquator") einschneiden, damit sie beim Backen nicht aufplatzt.

Ein Stück Alufolie vorbereiten und den Apfel mittig darauf setzen. Die Füllung in das Loch geben, ggf. mit dem restlichen Rum übergießen und den Butterwürfel obenauf legen. Die Folie anschließend oben wie eine Tasche fest verschließen. Falls vorhanden, den Prozess mit den restlichen Äpfeln wiederholen. Die Äpfel können problemlos einige Stunden vor dem Backen gefüllt und eingepackt werden.

Den Apfel nun auf ein Backblech oder einen Metallteller setzen und in den Ofen schieben. Bei 180 °C braucht der Apfel 35–40 Minuten, er kann aber auch länger im Ofen bleiben, sollte die Temperatur niedriger sein. Im heißen Ofen gart er dagegen deutlich schneller. Der Apfel ist fertig, wenn er beim Drücken durch die Folie eindeutig nachgibt.

NOCH ETWAS ...

- Den Rum durch Brandy oder, für eine alkoholfreie Version, Cranberry- bzw. Orangensaft ersetzen.
- Die Rosinen durch getrocknete, fein gehackte Aprikosen, Datteln oder Feigen tauschen.

BLACK-BADGER-ERBSEN-SALAT MIT AVOCADO UND GARNELEN

Black-Badger-Erbsen, die britische Version der Kichererbsen, sind für mich eine recht neue Zutat, aber die Suche nach ihnen lohnt sich wirklich (in Deutschland muss man sich diese Sorte aus Samen selber ziehen; Samen der „Palerbse Black Badger Carlin" erhalten Sie online. Alternativ können Sie Kichererbsen verwenden). Mit ihrer intensiven, dunklen Färbung und ihrem nussigen Geschmack passen sie wunderbar in diesen mexikanisch angehauchten Salat. Wie getrocknete Kichererbsen lassen sich auch getrocknete Black Badgers großartig im Holzofen zubereiten. Zudem arbeiten wir bei diesem Rezept noch mit höheren Temperaturen zum Rösten von roten Paprikaschoten und Chilischoten, damit sie ein wunderbar sanftes Aroma bekommen. Hitze brauchen wir auch für die knusprigen Tortillas, die Sie, wie das Gemüse, gut im Voraus zubereiten können, wenn der Ofen noch richtig heiß ist. Insgesamt kann man sagen, dass wir bei diesem Rezept den Temperaturspielraum Ihres Ofens voll und ganz ausnutzen.

ETWA 180 °C
ERGIBT 4–6 PORTIONEN

Zum Braten
2 rote Paprikaschoten
2 rote Chilis
4 Weizentortillas
1 EL Olivenöl
½ TL geräuchertes Paprikapulver

Zum Köcheln
400 g getrocknete Black-Badger-Erbsen
1 Zwiebel, durch den Wurzelansatz halbiert und geschält
2 ganze Knoblauchzehen, zerdrückt
2 Lorbeerblätter
1 TL Backsoda

Für den Salat
3 große Limetten
2 EL flüssiger Honig
75 ml Olivenöl
Salz und frisch gemahlener schwarzer Pfeffer
200 g Kirschtomaten, geviertelt
½ Bund Frühlingszwiebeln, fein geschnitten
50 g frischer Koriander, grob gehackt
2 große, reife Avocados, geschält und gewürfelt
200 g gegarte Garnelen

Mit der Zubereitung des Salates beginnen, wenn der Ofen noch eine Temperatur von 230–240 °C hat, um einige der Zutaten darin zu rösten. Die Black-Badger-Erbsen kommen in den Ofen, wenn die Temperatur auf etwa 180 °C gesunken ist.

Die ganzen Paprika- und Chilischoten in einen kleinen Bräter legen, in den Ofen schieben und etwa 20 Minuten rösten, bis sie weich und leicht geschwärzt sind. Anschließend in eine Schüssel geben und mit Frischhaltefolie abdecken, damit sich die Schale beim Abkühlen löst.

Die Tortillas auf einen Stapel legen und mit einem scharfen Messer wie einen Kuchen in 12 Tortenstücke schneiden. Die Stücke auf mehreren Backblechen ausbreiten und mit Öl bepinseln. Nun das geräucherte Paprikapulver darüberstreuen und die Bleche 10–15 Minuten in den Ofen schieben, bis die Tortillachips knusprig sind. Auf den Backblechen abkühlen lassen und dann bis zur Verwendung beiseitestellen.

Sobald der Ofen auf 180 °C abgekühlt ist, die Black-Badger-Erbsen in einen großen Topf oder einen Bräter aus Terrakotta geben und mit der doppelten Menge kaltem Wasser übergießen. Die Zwiebelhälften, die Knoblauchzehen, die Lorbeerblätter und das Natron dazugeben, den Topf mit einem Deckel oder einem Stück Folie fest verschließen und 1 ½–2 Stunden im Ofen schmoren. Danach sollten die Erbsen weich sein.

Während die Erbsen kochen, das Dressing in einer großen Schüssel zubereiten. Die Schalen von 2 Limetten fein abreiben und dann den Saft von allen drei Limetten dazugeben. Den Honig darüberträufeln und alles mit einem Schneebesen kräftig verrühren. Nun das Öl einfließen lassen und dabei weiter rühren bis sich alles zu einer Emulsion verbindet. Mit Salz und Pfeffer abschmecken.

Die Haut der Paprika- und Chilischoten abziehen, das Gemüse halbieren und die Kerne entfernen. Die Paprikaschoten in Streifen schneiden und die Chilis fein hacken. Beides zum Dressing in die große Schüssel geben, zusammen mit den Tomaten, den Frühlingszwiebeln und dem Koriander.

Die Erbsen sorgfältig abgießen und unter fließend kaltem Wasser leicht abkühlen lassen. Die restlichen Zutaten wegwerfen. Anschließend die noch leicht warmen Erbsen in die Schüssel geben und alles gut mischen. Vorsichtig die Avocado unterheben und das Ganze auf einem Servierteller anrichten. Die Garnelen obenauf geben und sofort zusammen mit den Tortillachips servieren.

HÜHNEREINTOPF MIT KNOBLAUCH, SCHWARZEN OLIVEN UND BASILIKUMKLÖSSEN

Dieser Hühnereintopf steckt randvoll mediterraner Aromen, dank seiner aufregenden Kombination aus Wein, Oliven, Orangen und Basilikum. Durch die herzhaften Klöße brauchen Sie als Beilage lediglich etwas Knackiges, Grünes zu servieren. Wie wäre es z. B. mit dunkelgrünem Grünkohl mit Butter oder einer großen Schüssel grünem Salat?

ETWA 180 °C
ERGIBT 4 PORTIONEN

Für den Eintopf
1–1,2 kg Hähnchenkeulen mit Haut und Knochen
1 EL Mehl
Salz und frisch gemahlener schwarzer Pfeffer
1 EL Olivenöl
75–100 g Kalamata-Oliven
6 dicke Knoblauchzehen, geschält und gequetscht
3 breite Streifen Orangenzesten, mit dem Gemüseschäler abgezogen
200 ml Weißwein
200 ml Hühnerbrühe

Für die Klöße
200 g Mehl + ½ EL Backpulver
100 g Pflanzenfett oder Rindertalg
1 großer Bund frisches Basilikum

NOCH ETWAS …

- Für einen traditionelleren Eintopf das Basilikum durch glattblättrige Petersilie und die Oliven durch Pastinaken und Karotten ersetzen.
- Die Orangenzesten gegen erdige Kräuter austauschen, z. B. Thymian und Rosmarin oder einige Lorbeerblätter.
- Anstatt der Oliven 1–2 EL Kapern verwenden.

Die Hühnerkeulen auf einen Teller legen und rundherum mit dem Mehl bestäuben. Anschließend mit etwas Salz und Pfeffer würzen.

Das Öl in eine schwere, breite Auflaufform geben (Gusseisen oder Terrakotta sind ideal) – die Keulen sollten in einer Schicht nebeneinander hineinpassen. Die Form einige Minuten in den Ofen schieben, damit das Öl heiß wird. Nun das Fleisch mit der Haut nach unten hinein legen und 30 Minuten schmoren, bis es leicht gebräunt ist. Keine Sorge, an diesem Punkt ist die Haut noch nicht sehr braun und knusprig, zum Ende des Garprozesses wird sie es aber sein.

Die Auflaufform aus dem Ofen holen und die Hühnerkeulen umdrehen, sodass die Haut oben ist. Die Oliven und Knoblauchzehen drum herum verteilen und die Orangenschale dazwischen stecken. Mit dem Wein und der Brühe aufgießen und großzügig mit Salz und Pfeffer würzen. Das Ganze zurück in den Ofen stellen, die Tür schließen und 1 Stunde schmoren. Das Fleisch wird nun wunderbar braun und knusprig werden.

In der Zwischenzeit die Klöße zubereiten. Das Mehl und das Fett in einer Schüssel verrühren und mit Salz und Pfeffer würzen. Zwei Drittel des Basilikums fein hacken – sowohl die Blätter als auch die Stängel. Den Rest zum Garnieren beiseitelegen. Den Basilikum in die Schüssel geben und sorgfältig verrühren. Gerade genug Wasser hinzufügen, dass ein fester aber elastischer Teig entsteht (etwa 7–8 EL). Den Teig auf die bemehlte Arbeitsfläche geben, kurz durchkneten und dann in 8 gleich große Teile schneiden. Aus jedem Teil eine Kugel formen und diese auf einen leicht bemehlten Teller legen.

Sobald das Huhn eine Stunde im Ofen war, die Form herausholen und die Klöße obenauf legen. Wieder in den Ofen schieben und eine weitere Stunde schmoren. Die Klöße sollten nun durchgegart und oben schön knusprig sein. Das Huhn wird so zart sein, dass es von selbst vom Knochen fällt. Vor dem Servieren den Rest des Basilikums grob hacken und darüberstreuen.

BETTLERHÜHNCHEN

Bei diesem faszinierenden chinesischen Rezept wird das Huhn traditionell gefüllt, in Lotusblätter gewickelt und dann in eine dicke Tonschicht verpackt, bevor es in die Glut kommt und dort stundenlang schmort. Das ist doch ein ideales Rezept für das Slow Cooking und die langsam sinkende Hitze eines Holzofens! Wir füllen das Huhn allerdings mit köstlichen Shiitakepilzen und packen es vor dem Backen in etwas praktischeren Salzteig. Der Teig wird nicht mitgegessen, Sie müssen also kein teures Spezialsalz kaufen, gewöhnliches Tafelsalz ist völlig ausreichend.

ETWA 180 °C
ERGIBT 4–6 PORTIONEN

1 frisches Huhn (1,7–1,8 kg)
1 Ei
fein geschnittene Frühlingszwiebeln und rote Chilis zum Garnieren
gedämpfter Reis zum Servieren

Für den Salzteig
1,5 kg Mehl + extra Mehl zum Ausrollen
300 g Salz

Für die Füllung
15 g getrocknete Shiitakepilze
125 g frische Shiitakepilze oder Champignons, fein gehackt
5 Frühlingszwiebeln, fein geschnitten
3 Knoblauchzehen, zerdrückt
ein daumengroßes Stück Ingwer, gerieben
3 EL Sojasauce
frisch gemahlener schwarzer Pfeffer

Das Mehl und das Salz in einer großen Schüssel mischen. Gerade so viel kaltes Wasser dazugeben, dass ein fester Teig entsteht. Mit 600–700 ml beginnen und ggf. etwas mehr nachgießen. Der Teig darf nicht zu feucht sein, muss sich aber ausrollen lassen. Anschließend auf die Arbeitsfläche geben, kurz glatt kneten und bei Raumtemperatur 30 Minuten ruhen lassen.

In der Zwischenzeit die Füllung vorbereiten. Die getrockneten Pilze in eine kleine, hitzebeständige Glasschüssel legen und mit 5 EL kochendem Wasser übergießen. Nun 10 Minuten ziehen lassen und dann fein hacken. Das Wasser aufbewahren. Die frischen Pilze zusammen mit den Frühlingszwiebeln, dem Knoblauch, dem Ingwer und der Sojasauce in einer Schüssel verrühren. Die getrockneten Pilze dazugeben, alles mit schwarzem Pfeffer würzen und sorgfältig verrühren. Die Füllung kann einige Stunden vor der Verwendung zubereitet und im Kühlschrank aufbewahrt werden.

Die Bauchhöhle des Huhns füllen und dann die Keulen mit Küchengarn festbinden. Wenn Sie zu sehr abstehen, könnten sie sonst den Salzteig durchstoßen. Anschließend rundherum mit etwas Sojasauce bepinseln und mit einer kräftigen Prise schwarzem Pfeffer würzen.

Die Arbeitsfläche leicht mit Mehl bestreuen und den Teig zu einem etwa 1 ½ cm dicken Oval (mindestens 40 x 48 cm) ausrollen. Der Teig muss sich ohne zu zerreißen oder zu dehnen vollständig um das Huhn wickeln lassen.

Den Teig nun vorsichtig in einen großen Bräter legen, sodass die Seiten überhängen. Das gefüllte Huhn mit der Brust nach unten in die Mitte des Teiges legen und die Seiten des Teiges ganz vorsichtig darüberklappen, sodass der Teig nicht reißt oder durchstochen wird. Passiert es doch, den Riss so gut es geht wieder zusammendrücken. Die Teigränder zusammenpressen sodass der Teig das Huhn vollständig umschließt wie eine Verpackung. Anschließend rundherum mit verquirltem Ei einpinseln.

Den Bräter in den Ofen schieben, die Tür schließen und das Huhn 3 Stunden backen. Nach dieser Zeit ist der Teig ganz hart und goldbraun gebacken. War er an einigen Stellen zu dünn, kann eventuell etwas Bratensaft ausgetreten sein – einfach beim Aufschneiden über das Fleisch löffeln.

Nun den Gästen das ganze Salzteighuhn präsentieren und dann die Oberseite des Teiges mit einem scharfen Messer abtrennen. Vor dem Aufschneiden mit etwas Chilipulver und Frühlingszwiebelscheiben bestreuen. Die Füllung mit einem Löffel herausholen und als Beilage servieren. Den restlichen Teig wegwerfen.

LANGSAM GESCHMORTE QUITTEN MIT HONIG UND GEWÜRZEN

Quitten bekommt man recht selten, falls man nicht zufällig jemanden kennt, der selbst einen Quittenbaum hat oder in der Nähe eines besonders gut sortierten Obsthändlers wohnt. Im Supermarkt sind sie jedenfalls kaum anzutreffen. Quitten sehen aus (und fühlen sich an) wie eine Kreuzung aus einer sehr harten Birne und einem krummen Apfel, und ich liebe ihre feste, fast toffeeartige Konsistenz nach dem Kochen. Roh sind die Früchte übrigens vollkommen ungenießbar; dank der langen, langsamen Garzeit, die für sie perfekt ist, sind sie jedoch der ideale Kandidat für den Holzofen. Einmal gebacken halten sich Quitten im Kühlschrank, im eigenen Sirup aufbewahrt, etwa eine Woche. Ich esse sie am liebsten mit vollfettem griechischem Jogurt, vielleicht noch mit einigen gehackten Pistazien oder Walnüssen bestreut. Quitten schmecken auch großartig mit Vanilleeis (und einem kräftigen Schuss Marsala oder lieblichem Sherry als Zugabe), oder als ungewöhnliche Zutat in einem Trifle.

ETWA 180 °C
ERGIBT EINE GROSSE SCHÜSSEL FÜR 6 PORTIONEN ZUM FRÜHSTÜCK ODER 1 GROSSES TRIFLE

Saft von 1 Zitrone
1 kg Quitten (ca. 4–5 kleine)
6 grüne Kardamomkapseln
1 Vanilleschote
100 ml flüssiger Honig

Eine große Schüssel mit kaltem Wasser füllen und den ausgepressten Zitronensaft hineingeben. Die Quitten schälen und das Kerngehäuse entfernen, aber Vorsicht, die Früchte sind sehr hart. Anschließend vierteln (bei kleineren Früchten) oder in 6 Teile schneiden (bei größeren) und die Stücke gleich in das Zitronenwasser legen. Dadurch wird der Oxydationsprozess verlangsamt und die Früchte werden nicht braun.

Sobald alles geschält und geschnitten ist, die Fruchtstücke abgießen und in einen Bräter geben. Sie sollten in einer Schicht dicht nebeneinander liegen.

Die Kardamomkapseln mit der flachen Seite eines Messers quetschen, bis sie sich öffnen, dann die Vanilleschote aufschlitzen, das Mark herauskratzen und zusammen mit der Schote und den Kapseln in den Bräter geben. Den Honig darüberträufeln, alles mit 100 ml Wasser aufgießen und vorsichtig mischen. Anschließend mit Alufolie abdecken und für 1 Stunde in den Ofen schieben. Danach die Folie entfernen, die Quitten weitere 30–60 Minuten schmoren und dabei mehrmals umrühren. Die Quitten sind fertig, wenn sie sehr weich sind, eine tief orangerote Farbe angenommen haben und der Sirup etwas eingekocht ist.

Im Bräter abkühlen lassen, dann in eine Schüssel geben, mit dem Sirup übergießen und bis zur Verwendung kalt stellen.

NOCH ETWAS …

- Variieren Sie die Gewürze – Zimt und Sternanis passen sehr gut.

GARNELEN-BISQUE

Diese luxuriöse Suppe hat eigentlich ganz bescheidene Anfänge, da man sie aus den übrig gebliebenen Schalen und Köpfen der köstlichen gesmokten Garnelen auf S. 56 zubereitet. Falls Sie noch nie eine Garnelen Bisque gekocht haben, wird Sie das erstaunlich intensive Meeresfrüchtearoma, das man dem „Abfall" entlocken kann, gewaltig überraschen. Sobald sie die Basisbrühe zubereitet haben, können Sie diese abkühlen und über Nacht im Kühlschrank aufbewahren, wenn Sie erst am nächsten Tag mit der Suppe weitermachen wollen. Die Brühe lässt sich auch hervorragend einfrieren, das heißt, Sie können sie nach einem tollen Meeresfrüchtemahl einfach vorbreiten und tiefkühlen und haben dann immer etwas zur Hand.

ETWA 180 °C
ERGIBT 4–6 PORTIONEN

- 1 EL Olivenöl
- 1 große Zwiebel, fein gewürfelt
- 1 Karotte, fein gewürfelt
- 3 EL Brandy (optional)
- Köpfe und Panzer der gesmokten Garnelen (Rezept s. S. 56) von ca. 600 g Garnelen
- 1 Knoblauchzehe, gehackt
- 1 Prise Chiliflocken
- 1 Lorbeerblatt
- 3 große Strauchtomaten, gewürfelt
- Salz und frisch gemahlener schwarzer Pfeffer
- 100 ml Sahne + extra Sahne zum Anrichten
- etwas Schnittlauch zum Anrichten

Das Olivenöl und die Zwiebel- und Karottenwürfel in eine große, schwere Pfanne geben, in den Ofen schieben, 10 Minuten weich werden lassen und dabei gelegentlich umrühren. Nun mit dem Brandy aufgießen, sofern dieser verwendet wird, und die Pfanne dann noch einmal 5 Minuten in den Ofen stellen, bis der Alkohol weitgehend verdunstet ist.

Anschließend die Garnelenköpfe und -schalen, den Knoblauch, die Chiliflocken und die Lorbeerblätter unterrühren und das Ganze 5 Minuten in den Ofen schieben. Als nächstes die Tomaten unterheben und alles mit 800 ml kaltem Wasser aufgießen. Mit etwas Salz und Pfeffer würzen, zudecken und dann 1 Stunde im Ofen schmoren.

An diesem Punkt kann die Brühe einfach abgekühlt und über Nacht im Kühlschrank aufbewahrt werden – natürlich kann die Suppe auch sofort fertig gekocht werden. Indem Brühe, Schalen und der Rest in der Pfanne abkühlen dürfen, wird das Aroma allerdings maximiert, deshalb gehe ich meist so vor.

Sobald es weitergehen kann, die gesamte Suppe mit einem Pürierstab pürieren, bis die Schalen ganz fein gemahlen sind. Anschließend durch ein feines Sieb in einen neuen Topf abseihen. Soll die Suppenbasis eingefroren werden, ist nun der richtige Zeitpunkt. Andernfalls den Topf bei mittlerer Hitze auf den Herd stellen und aufkochen. Die Sahne hineingießen und verrühren. Die Suppe noch einmal abschmecken und nach Bedarf vorsichtig nachwürzen.

Zum Servieren in vorgewärmte Schalen gießen und mit etwas Sahne und fein gehacktem Schnittlauch garnieren. Sofort servieren.

HÜHNCHEN-TOMATEN-BIRYANI AUS EINEM TOPF

Ich würde nie behaupten, dass dieses in einem Topf zubereitete, biryaniähnliche Gericht authentisch ist, es eignet sich aber wunderbar zum Ausnutzen der Resthitze nach einem langen Backtag. Es blubbert fröhlich einige Stunden vor sich hin, während Sie Ihre wohlverdiente Pause genießen. Die Gewürze sind frei wählbar – es ist ein weiteres Rezept, das Sie ganz nach Belieben anpassen können (einige Ideen finden Sie unten).

160–170 °C
ERGIBT 4 PORTIONEN

Für die Biryani-Gewürzmischung

1 EL Koriandersamen
1 EL Kreuzkümmelsamen
1–2 TL Chiliflocken (nach Geschmack)
5 Kardamomkapseln
2 Lorbeerblätter, frisch oder getrocknet, fein geschnitten
½ TL Muskatblütenpulver
½ TL Zimtpulver

Für das Biryani

300 g Vollkornreis
400 g gehackte Tomaten aus der Dose
2 Zwiebeln, fein gewürfelt
3 Knoblauchzehen, fein gehackt
750 ml Hühnerbrühe
Salz und frisch gemahlener schwarzer Pfeffer
8 Hühnerkeulen mit Haut und Knochen
50 g Butter, gewürfelt

eine Handvoll frischer Koriander, gehackt, zum Servieren

Der Ofen muss eine Temperatur von 160–170 °C haben.

Zur Herstellung der Gewürzmischung den Koriander, den Kreuzkümmel, die Chiliflocken und die Kardamomkapseln in einer kleinen Pfanne bei mittlerer Hitze trocken rösten. Sobald alles aromatisch duftet, die Gewürze in einen Mörser geben. Die Lorbeerblätter, die Muskatblüten und den Zimt dazugeben, alles mit dem Stößel zu einem groben Pulver verreiben und zunächst beiseitestellen.

Den Reis, die Tomaten, die Zwiebeln und den Knoblauch in einen großen Bräter geben. Mit der Brühe aufgießen, die Hälfte der Gewürzmischung dazugeben, alles mit Salz und Pfeffer abschmecken und sorgfältig verrühren.

Die Hühnerkeulen mit der restlichen Gewürzmischung rundherum einreiben und dann gleichmäßig oben auf dem Reis verteilen. Leicht in die Flüssigkeit drücken, aber nur so weit, dass die Haut noch braun und knusprig werden kann. Zu guter Letzt die Butterwürfel darauf verteilen.

Den Bräter locker mit Alufolie abdecken, in den Ofen schieben und 2 ½–3 Stunden backen. Gegen Ende der Garzeit die Folie entfernen, damit die Hühnerteile schön braun werden können.

Vor dem Servieren mit frischem Koriander bestreuen.

NOCH ETWAS …

- **Mediterraner Hühnchenreis**
Anstatt der Gewürze 1 TL getrockneten Oregano, Orangenzesten und schwarze Oliven verwenden. Mit gehacktem Basilikum bestreuen.
- **Karibischer Hühnchenreis**
Anstatt der Gewürze 2 TL Pimentpulver, 1 TL getrockneten Thymian, 1 daumengroßes Stück Ingwer (frisch reiben) und 1 Scotch-Bonnet-Chili verwenden. Mit Limettenspalten zum Auspressen servieren.

DAS WELTBESTE BAISER UND 4 TOLLE FÜLLUNGEN

Baisers, entweder einzelne kleine oder ein großes für eine Pavlova (Baiser-Dessert) sind perfekt, um das letzte bisschen Resthitze auszunutzen. Bei diesem Rezepte brauchen Sie einen eher kühlen Ofen, deshalb backe ich Baisers meist gleich morgens als erstes, nach einer langen Backsession am Vortag.

Ein kleiner Hinweis zur Eiertrennung – bei der Zubereitung von Baiser darf nicht das kleinste Tröpfchen Eigelb in das Eiweiß geraten, da diese sonst nicht aufschäumen. Ich trenne meine Eier deshalb immer in separaten Gläsern. Mache ich dabei einen Fehler, verderbe ich wenigstens nicht gleich die ganze Masse.

100–110 °C
ERGIBT EINE GROSSE PAVLOVABASIS FÜR 6 PORTIONEN

200 g sehr feiner Zucker
3 große Eiweiß
1 EL Maismehl
1 TL Weißweinessig
1 TL Vanilleextrakt

Sie benötigen zudem ein mit Backpapier ausgelegtes Backblech.

Den Zucker in eine feuerfeste Schale geben und in den warmen Ofen (100–110 °C) stellen. Etwa 15 Minuten erwärmen lassen.

Sobald der Zucker heiß ist, das Eiweiß in die Schüssel der Küchenmaschine geben und sehr steif schlagen. Anschließend ein Drittel des Zuckers einrieseln lassen und weiter schlagen. Das zweite Drittel des Zuckers einrieseln lassen und 1 Minute weiter schlagen. Schließlich den Rest des Zuckers dazugeben und weiter schlagen. Zu guter Letzt das Maismehl, den Essig und die Vanille dazugeben und noch einmal kräftig schlagen.

Die Baisermasse auf das vorbereitete Backblech löffeln und glatt streichen, sodass sie die Form eines Esstellers hat. Der Rand sollte ca. 1 cm höher sein als die Mitte. Den Rand vorsichtig zu kunstvollen Spitzen hochziehen.

Das Backblech auf ein Kuchengitter stellen, sodass es keinen direkten Kontakt mit dem Boden des Ofens hat, in den kühlen Ofen stellen und die Tür fest schließen. Gut 3 Stunden sanft backen und dabei jede Stunde kurz nachsehen. Das Baiser ist fertig, wenn es sich ganz leicht vom Backpapier abheben lässt. Achtung, ist man dabei nicht sehr vorsichtig, kann es leicht zerbrechen. Vor dem Füllen vollständig abkühlen lassen.

Beim Füllen stets mit einer Schicht Schlagsahne beginnen – dafür einfach 300 ml Sahne halb steif schlagen und sanft auf dem Baiser verteilen. Anschließend das Obst der Wahl darauf geben oder eine der folgenden Ideen ausprobieren.

- **Nuss-Rum-Banoffee** – 2–3 in Scheiben geschnittene Bananen auf der Sahne verteilen. Dann 4 EL Karamellsauce in einer kleinen Schüssel mit einigen TL Rum (oder ggf. heißem Wasser) verrühren, sodass sie sich leicht träufeln lässt (alternativ Dulche de Leche oder karamellisierte Kondensmilch verwenden). Die Sauce über die Bananen träufeln und eine Handvoll geröstete, gehackte Pekannüsse darüberstreuen.
- **Rhabarber und Pudding** – gebratenen oder pochierten Rhabarber (siehe S. 122) auf das Baiser geben und großzügig mit warmem Vanillepudding begießen. Nach Geschmack ein paar geröstete Mandeln obenauf streuen.
- **Zitronencreme und Himbeeren** – ein paar Löffel Zitronencreme (Lemon Curd) kleckweise auf die Sahne geben und mit dem Löffel spiralförmig verrühren. Darauf einige Handvoll Himbeeren streuen. Geröstete Nüsse – Haselnüsse, Pekannüsse, Mandeln usw. – geben dem Ganzen etwas Biss.
- **Marsalacreme, Feigen und Schokolade** – kurz vor dem Schlagen einige Esslöffel Marsala zur Sahne geben. Reife Feigen in Scheiben schneiden und obenauf geben. Zu guter Letzt mit einem Gemüseschäler Streifen von der Zartbitterschokolade abziehen und auf dem Baiser verteilen.

BOHNEN AUS DEM OFEN

Die Zubereitung von Trockenbohnen muss nicht kompliziert sein und sie eignen sich perfekt zur Ausnutzung der Resthitze. Bei der einfachsten Version geben Sie am Abend einfach einen Sack Bohnen in den Topf, bedecken sie mit kaltem Wasser, werfen einige Kräuterstängel und ein oder zwei Knoblauchzehen hinein und schieben den Topf zugedeckt in den Ofen. Morgens haben Sie dann einen Topf mit wunderbar weichen Bohnen, die Sie abgießen und nach Belieben verwenden können. Sofern ich keine anderen Pläne für die Resthitze habe, ist das fast immer meine Alternative. Bohnen verdoppeln beim Garen ihr Gewicht. Wenn Sie also 800 g Bohnen benötigen, beginnen Sie mit 400 g getrockneten Bohnen. Die gekochten Bohnen können Sie übrigens für eine spätere Verwendung problemlos portionsweise einfrieren.

Grundsätzlich müssen Sie die Bohnen nicht vorher einweichen. Die einzige Ausnahme sind Kidneybohnen, die 8 Stunden eingeweicht und dann 10 Minuten auf dem Herd kräftig gekocht werden müssen, um die darin enthaltenen Giftstoffe zu eliminieren. Andere Bohnen aus derselben Familie, z. B. Limabohnen, Cannellinis oder Pintos enthalten sehr viel weniger der gleichen Toxine. Stellt man sie bei 180 °C in den Ofen, kochen sie aber sehr rasch auf, bevor der Ofen abkühlt. Wenn ich Bohnen über kürzere Zeit hinweg bei höheren Temperaturen gare (siehe die Griechische Bohnensuppe auf S. 146), gebe ich meist eine Prise Natron dazu, was die Schale der Bohnen weicher macht. Beim Slow Cooking über Nacht ist das jedoch nicht notwendig.

BOSTON BAKED BEANS

Ich habe schon viele Versionen dieses Rezepts zubereiten, mit eingeweichten, trockenen oder vorgekochten Bohnen. Das beste Resultat erbrachten dabei die Trockenbohnen. Werfen Sie einfach alles in den Topf, schieben Sie ihn in den Ofen und gehen Sie ins Bett, im Wissen, dass für den Brunch am nächsten Tag schon alles geregelt ist. Sie müssen nur noch reichlich gebutterten Toast dazu reichen und vielleicht einige Eier braten.

ETWA 180 °C
ERGIBT ETWA 4 PORTIONEN

300 g geräucherter magerer Speck, in 2–3 cm großen Stücken
200 g getrocknete Cannellini Bohnen
100 g Kirschtomaten, halbiert
1 Zwiebel, fein gewürfelt
1 Knoblauchzehe, zerdrückt
½ TL Pimentpulver
1 Lorbeerblatt
400 ml kochendes Wasser
2 EL Melasse
25 g dunkler Rohrzucker
1 gehäufter TL Englischer Senf
Salz und frisch gemahlener schwarzer Pfeffer

Den Speck, die Bohnen und die Tomaten in einen Bräter aus Terrakotta oder Steingut füllen. Die Zwiebeln, den Knoblauch und das Piment unterrühren und das Lorbeerblatt hineinstecken.

Die 400 ml kochendes Wasser in einen Krug füllen und den Löffel für die Melasse kurz hineinstellen um ihn zu erwärmen. Anschließend den Löffel schnell abtrocknen, 2 EL Melasse aus dem Glas löffeln und in das heiße Wasser geben – sie sollte ohne zu kleben einfach herunter rutschen. Den Zucker und den Senf unterrühren, bis sich beides aufgelöst hat, die Mischung über die Bohnen gießen und das Gefäß dann mit einem dicht schließenden Deckel oder einem Stück Alufolie verschließen.

Die Bohnen bei etwa 180 °C in den Ofen stellen und dann einfach über Nacht darin stehen lassen. Am Morgen, nach 10–11 Stunden Garzeit, sollten die Bohnen perfekt sein und bis zum Brunch bleiben sie im Ofen auch problemlos heiß.

RAUCHIGE SCHÄLERBSENSUPPE MIT BACON

Wie alle Hülsenfrüchte nehmen auch Schälerbsen gerne das Aroma anderer Zutaten an, was sie zum perfekten Untergrund für allerlei Gewürze macht. Bei diesem Rezept bleibt es einfach beim geräucherten Paprikapulver, das den rauchigen Geschmack des geräucherten Bacons betonen soll. Viele Menschen sind erstaunt, dass Gerichte aus dem Holzofen gar nicht nach Rauch schmecken, es sei denn, man hilft aktiv nach. Diese Suppe eignet sich großartig zum Einfrieren. Portionsweise abgepackt ergibt sie einen tollen Lunch für die Arbeit.

150–180 °C
ERGIBT ETWA 6 PORTIONEN

2 Zwiebeln, fein gewürfelt
200 g geräucherte Baconwürfel
2 Knoblauchzehen, zerdrückt
1 TL geräuchertes Paprikapulver
500 g Schälerbsen (gelb oder grün)
frisch gemahlener schwarzer Pfeffer
2 l Brühe (Gemüse oder Huhn) oder Wasser
2 EL Olivenöl

Zum Servieren
etwas glattblättrige Petersilie, fein gehackt
1 Prise geräuchertes Paprikapulver
extra-vergines Olivenöl

Zum Sautieren von Bacon und Zwiebeln sollte der Ofen eine Temperatur von etwa 180 °C haben; für das Kochen der Suppe über Nacht benötigen wir dann nur noch etwa 150 °C. Alternativ kann die Suppe auch schneller bei einer höheren Temperatur zubereitet werden, falls sie nicht über Nacht im Ofen bleiben soll. Bei 180 °C beträgt die Garzeit 2 ½–3 Stunden.

Die Zwiebel- und Baconwürfel in einen großen Topf geben, in den Ofen stellen und 15–20 Minuten braten. Dabei einige Male umrühren, damit alles gleichmäßig gart. Die Zwiebeln sollen schön weich werden und leicht karamellisieren. Den Topf dann aus dem Ofen holen und den Knoblauch sowie das Paprikapulver unterrühren. Den Topf dann erst einmal beiseitestellen, bis alle anderen Kochprojekte erledigt sind und der Ofen abzukühlen beginnt. Zwiebeln und Speck können natürlich auch in der Küche auf dem Herd gebraten werden, falls im Ofen nicht ausreichend Platz ist.

Sobald alles bereits ist für die Suppe, einfach die Erbsen und eine kräftige Prise Pfeffer in den Topf geben und alles mit der Brühe aufgießen. Anschließend kräftig umrühren, mit einem Deckel oder einem Stück Alufolie fest verschließen, in den Ofen stellen und die Tür schließen. Die Suppe kann nun fröhlich 12 Stunden vor sich hin blubbern. Dank der sanften Zubereitungsmethode werden die Erbsen zwar ganz weich aber sie zerfallen nicht. Damit eine dicke Suppe daraus wird, einfach mit einem Kartoffelstampfer etwas nachhelfen (wenn eine dhalartige Konsistenz erwünscht ist) oder das Ganze rasch mit dem Pürierstab zur gewünschten Konsistenz verarbeiten. Vor dem Servieren noch einmal abschmecken – ggf. mit etwas Salz und Pfeffer nachwürzen – und dann mit Petersilie und dem restlichen Paprika bestreuen. Zu guter Letzt mit etwas extra-verginem Olivenöl beträufeln und dampfend heiß servieren.

NOCH ETWAS ...

- Den Bacon und die geräucherte Paprika weglassen und stattdessen curryartige Gewürze verwenden – eine kräftige Prise Kreuzkümmelsamen, etwas Zimt, einige Kardamomkapseln, frisch geriebener Ingwer, eine Prise Chilipulver. Mit etwas Naturjoghurt und frischem Koriander servieren.

MAROKKANISCHES LAMM-TANGIA

Tangia ist ein marokkanischer Klassiker aus Marrakesch. Tangia ist dabei der Name des Gefäßes, in dem das Gericht ganz langsam geschmort wird. Es ist ein urnenförmiger Steinguttopf, den ich selbst nicht besitze, deshalb nehme ich eine Auflaufform aus Steingut, das klappt einwandfrei. Idealerweise ist die Auflaufform ein bisschen tiefer, und der Schlüssel zum Erfolg liegt darin, zu verhindern, dass das Gericht austrocknet, deshalb die Vorgehensweise mit feuchtem Papier und Alufolie. Eine echte Tangia würde keine Kichererbsen enthalten, aber ich gleiche meinen Fleischkonsum gerne ein bisschen aus.

150–160 °C
ERGIBT 2 PORTIONEN – LÄSST SICH ABER LEICHT VERDOPPELN ODER VERDREIFACHEN

1 kräftige Prise Saffranfäden
300 g Lammhaxe ohne Knochen, in 4 cm großen Stücken
1 Zwiebel, sehr fein gewürfelt
3 Knoblauchzehen, gehackt
½ eingelegte Zitrone, fein gehackt
1 EL Kreuzkümmelsamen
1 TL weißer Pfeffer, frisch gemahlen
1 TL Kurkumapulver
½ TL Ingwerpulver
1 kräftige Prise Salz
2 EL Olivenöl
400 g Kichererbsen aus der Dose, abgetropft und abgespült

eine Handvoll frischer Koriander, gehackt, zum Servieren

Für dieses Rezept ist ein eher kühler Ofen mit etwa 150 °C notwendig. Ist er noch etwas heißer, die Auflaufform nicht direkt auf den Boden sondern etwas erhöht stellen, z. B. auf ein Kuchengitter.

Die Safranfäden in einen hitzebeständigen Messbecher geben und mit 200 ml kochendem Wasser übergießen. Zum Einweichen einige Minuten beiseitestellen.

Das Fleisch, die Zwiebeln, den Knoblauch und die Zitrone in eine Auflaufform aus Steingut geben und mit dem Kreuzkümmel, den Pfefferkörnern, dem Kurkuma, dem Ingwer und etwas Salz bestreuen. Anschließend das Öl darüberträufeln und alles mit sauberen Händen oder einem großen Metalllöffel mischen, sodass das Fleisch rundherum bedeckt ist. Die Kichererbsen darüberstreuen und das Ganze dann mit dem Safranwasser übergießen.

Ein großes Stück Backpapier unter fließend kaltem Wasser zusammenknüllen und wieder entfalten, sodass es feucht wird. Das Papier über die Form legen und fest auf das Fleisch und die Kichererbsen drücken. Die Ränder sorgfältig unterstecken, dann das Ganze mit einem Stück Alufolie wiederholen, sodass möglichst wenig Flüssigkeit entweichen kann. Zu guter Letzt einen Deckel darauf decken oder die Auflaufform mit einem weiteren Stück Alufolie sorgfältig verschließen. Bis zum Garen zur Seite stellen. An diesem Punkt kann der Topf für bis zu 24 Stunden in den Kühlschrank gestellt werden.

Sobald der Ofen ausreichend herunter gekühlt ist (auf etwa 150 °C), die Auflaufform hineinstellen, die Tür schließen und ins Bett gehen.

Die fertig gekochte Tangia lässt sich wunderbar wieder erwärmen oder auch bis zu 3 Monate einfrieren. Zum Servieren wieder richtig erhitzen und dann den Koriander darüberstreuen. Dazu passt Butter-Couscous als Beilage.

BARBACOA BEEF BRISKET

Dieses mexikanisch gewürzte Rindfleischgericht eignet sich wunderbar zum langsamen Schmoren über Nacht, denn man kann praktisch nichts falsch machen. Brisket ist ein Fleischstück, das durch stundenlanges Garen bei niedriger Temperatur im Laufe der Zeit immer besser wird. Ich bevorzuge es zerrupft in Tortillafladen, mit reichlich Guacamole und Esquites als Beilage, diesem großartigen Salat aus geschwärztem Zuckermais (siehe S. 63). Sie könnten dazu auch eine große Schüssel Reis und Bohnen oder gar Kartoffelbrei reichen – als herzhafter Lunch an einem kühlen Tag. Falls Ihnen die Barbacoagewürze nicht zusagen, finden Sie unten ein paar alternative Ideen.

150–160 °C
ERGIBT 6 GROSSZÜGIGE PORTIONEN

1,8 kg Rinderbrust
3 EL Apfelessig
2 EL Olivenöl
1 EL Kreuzkümmelsamen
2 TL Ancho-Chiliflocken (nach Geschmack)
2 TL Chipotle-Chiliflocken (nach Geschmack)
6 Nelken
1 TL getrockneter Oregano
2 Lorbeerblätter, fein geschnitten
Salz und frisch gemahlener schwarzer Pfeffer
1 große Zwiebel, gewürfelt
½ Knoblauchknolle, die Zehen geschält und grob gehackt
500 ml Rinderbrühe

gehackte rote Chilis und frischer Koriander zum Anrichten

Der Ofen muss eine gleichmäßige, niedrige Temperatur von 150–160 °C haben. Falls die Rinderbrust gerollt und verschnürt ist, die Schnur entfernen und das Fleischstück ausrollen, sodass es flach liegt. In einen großen flachen Bräter legen, ggf. halbieren, damit es in einer Schicht liegt.

In einer kleinen Schüssel den Essig, das Öl, den Kreuzkümmel, ggf. die Chiliflocken, die Nelken, den Oregano, die Lorbeerblätter und etwas Salz sowie frisch gemahlenen schwarzen Pfeffer mischen. Die Mischung über das Fleisch gießen und rundherum kräftig einreiben. Dann die Zwiebeln und den Knoblauch darüberstreuen und das Fleisch mehrmals wenden, sodass das Gemüse auf beiden Seiten gleichmäßig verteilt ist. Nun kann das Fleisch entweder bis zur Verwendung zugedeckt im Kühlschrank aufbewahrt oder sofort in den Ofen geschoben werden. Durch die extrem lange Garzeit bei niedriger Temperatur muss es nicht vorher marinieren, kann aber durchaus vorbereitet werden.

Anschließend die Brühe über die Rinderbrust gießen. Ein großes Stück Backpapier unter fließend kaltem Wasser zusammenknüllen und wieder entfalten, sodass es feucht wird. Das Papier über die Form legen und fest andrücken wie eine feuchte Decke, damit das Ganze nicht austrocknet. Den Bräter mit einem Stück Alufolie fest zudecken, das Fleisch in den Ofen schieben und über Nacht schmoren. Nach 8–10 Stunden einmal nachsehen. Das Brisket sollte nun ganz weich sein und praktisch auseinanderfallen. Es kann aber ganz problemlos weitere 4–6 Stunden im Ofen warm gehalten werden. Je nachdem wie groß die Resthitze des Ofens war und wie dicht die Alufolie die Form abgeschlossen hat, muss die Flüssigkeit am Morgen ggf. etwas reduziert werden. Dafür die Folie und das Backpapier abnehmen, die Folie neu falten und nur locker über das Fleisch legen, damit die Flüssigkeit die letzten Stunden entweichen kann.

Das Fleisch zum Servieren auf eine Platte legen, mit Chili und Koriander bestreuen und mit zwei Gabeln vorsichtig auseinanderziehen. Die Sauce in einen Krug gießen und dazu reichen.

NOCH ETWAS …

- Rotwein und Balsamico – die Gewürze weglassen, die Zwiebeln und den Knoblauch aber behalten; die Hälfte der Brühe gegen Rotwein austauschen und 5 EL Balsamico sowie einige frische Rosmarinzweige dazugeben.
- Sojasauce und Ingwer – die Gewürze mit 4 Sternanis und 1 TL Fünf-Gewürze-Pulver ersetzen. Ein daumengroßes Stück fein gehackten Ingwer dazugeben und 100 ml Brühe gegen 100 ml Sojasauce austauschen. Nach Geschmack etwas Chili dazugeben. Mit Frühlingszwiebelringen garnieren und dazu reichlich Reis servieren.

INDONESISCHES RINDFLEISCH RENDANG

Rendang ist ein klassisches Curry aus Indonesien, voll intensiver Gewürze aber nicht außergewöhnlich scharf, obwohl Sie natürlich immer mehr Chili dazugeben können. Das Curry ist im Handumdrehen vorbereitet und somit ein idealer Kandidat zur Ausnutzung der Resthitze. Zudem lässt es sich auch großartig für später einfrieren. Galgant sieht dem Ingwer sehr ähnlich, schmeckt aber anders, mit Anklängen von Zitrus und Pinie. Es lohnt sich auf jeden Fall und ist in den meisten Asialäden auch einfach zu finden. Noch ein Hinweis: Ich koche immer mit Echalion-Schalotten, weil sie viel einfacher zu häuten sind als die üblichen Schalotten.

150–160 °C
ERGIBT 4–6 PORTIONEN

900 g–1 kg Rinderhaxe, in 3–4 cm großen Stücken
Salz und frisch gemahlener schwarzer Pfeffer
350 g Schalloten, am besten Echalion, grob gehackt
50 g Ingwer, grob gehackt
30 g Galgant, grob gehackt
6 Knoblauchzehen, grob gehackt
1 EL Kurkumapulver
1 EL Koriandersamen, frisch gemahlen
2 TL Chiliflocken
1 TL Zimtpulver
½ TL Nelkenpulver
400 ml Kokosmilch
3 EL Ketjap Manis (süße Sojasauce)
1 EL Tamarindenkonzentrat
4–6 frische oder gefrorene Limettenblätter

Zum Garnieren
hartgekochte Eihälften
knusprig gebratene Zwiebeln
frisch gehackter Koriander
geschnittene Birdeye-Chilis

Der Ofen muss eine gleichmäßige, niedrige Temperatur von 150–160 °C haben. Das Fleisch in einen Bräter aus Gusseisen oder Steingut legen und mit etwas Salz und Pfeffer würzen. Anschließend beiseitestellen und die Currysauce vorbereiten.

Dafür die Schalotten, den Ingwer, den Galgant und den Knoblauch im Mixer zu einer relativ glatten Paste verarbeiten. Die trockenen Gewürze – das Kurkumapulver, den Koriander, die Chiliflocken, den Zimt, das Nelkenpulver – dazugeben und noch einmal stoßweise mixen. Die Kokosmilch, die 3 EL Ketjap Manis und das Tamarindenkonzentrat hineingießen und ein letztes Mal mischen. Die Mixtur über das Fleisch gießen, sodass es rundherum bedeckt ist. Zu guter Letzt die Limettenblätter gleichmäßig im Bräter verteilen und in die Sauce drücken.

Ein großes Stück Backpapier unter fließend kaltem Wasser zusammenknüllen und wieder entfalten, sodass es feucht wird, über das Fleisch legen und sorgsam feststecken. Den Bräter mit einem fest schließenden Deckel zudecken und erst einmal beiseitestellen. Das gesamte Gericht kann problemlos einige Stunden vor dem Kochen vorbereitet werden oder auch schon am Vortag, solange es dann im Kühlschrank aufbewahrt wird.

Solange der Ofen nicht zu heiß ist, kann das Rendang gut 8–10 Stunden vor sich hin schmoren. Hat der Ofen eine noch zu hohe Temperatur, den Bräter nicht direkt auf den Boden, sondern z. B. auf ein Kuchengitter stellen.

Zum Servieren das Curry über Reis geben (ich reiche dazu gern gelben Reis – einfach beim Kochen eine kräftige Prise Kurkuma zum Reis geben) und nach Bedarf garnieren.

NOCH ETWAS ...

Rinderhaxen sind wie gemacht für das langsame Schmoren. Die Geschmacksrichtung lässt sich aber leicht verändern. Die Basis aus Flüssigkeit, Schalotten (oder Zwiebeln) und Knoblauch sollte jedoch in etwa gleich bleiben. Ansonsten sind hier noch ein paar Ideen:

- Ein traditionelles Schmorgericht aus Rindfleisch und Dunkelbier – die Kokosmilch gegen Dunkelbier austauschen, alle Gewürze durch würzige Kräuter (Lorbeerblätter, Rosmarin) ersetzen. Zu den Schalotten je eine geschnittenen Karotte und Pastinake geben. Knoblauch und Zwiebeln müssen nicht püriert werden, einfach klein schneiden und hinzufügen. Schmeckt großartig mit buttrigem Kartoffelbrei.
- Ein cremiges Schmorgericht mit grünen Pfefferkörnern – die Kokosmilch durch 250 ml Rinderbrühe und 150 ml Sahne ersetzen. Knoblauch und Zwiebeln nicht pürieren sondern klein schneiden und eine geschnittene grüne Paprikaschote dazugeben. Die Gewürze durch 2 EL grüne Pfefferkörner ersetzen. Diese gut abtropfen lassen. Dazu passt einfacher weißer Reis.

ZWEI SIMPLE DIPS

Egal wie müde Sie sind, die Resthitze Ihres Ofens sollten Sie immer ausnutzen, um eine weitere Mahlzeit anzufangen. Die beiden folgenden Dips können Sie, ohne sich große Gedanken darüber zu machen, einfach in den Ofen schieben.

GEBRATENER KÜRBISDIP MIT NAHÖSTLICHEN AROMEN

Inspiriert vom Geschmack der Dukkah, einer großartigen Gewürzmischung aus dem Nahen Osten mit Thymian und Haselnüssen.

140–150 °C
ERGIBT 4–6 PORTIONEN

1 großer Butternut-Kürbis
1 Knoblauchzehe, grob gehackt
1 EL Granatapfelmelasse (gibt es in größeren türkischen Lebensmittelgeschäften)
1 EL Olivenöl
je 1 TL Chiliflocken, Kreuzkümmelsamen und Koriandersamen
6 Haselnüsse
Fleur de Sel
2 EL griechischer Joghurt
ein Zweig Thymian, Blätter abgezupft
ein kräftiger Spritzer Zitronensaft

Den Kürbis rundherum mit einem scharfen Messer mehrfach einstechen. Auf ein kleines Backblech legen, in die Mitte des Ofens schieben und den weichen Kürbis am nächsten Morgen wieder herausholen. Das Gemüse halbieren und die Kerne und Häutchen entfernen. Anschließend das Fruchtfleisch herausschaben und im Mixer sehr fein pürieren. Den Knoblauch, die Granatapfelmelasse und das Olivenöl dazugeben und noch einmal mixen.

Die Gewürze samt den Haselnüssen in eine kleine Pfanne geben und auf dem Herd bei mittlerer Hitze rösten, bis sie aromatisch duften. Die Haselnüsse aus der Pfanne nehmen, grob hacken und beiseitestellen. Die Gewürze dann in einen Mörser geben, die Salzflocken hinzufügen und alles grob zerreiben. Das Ganze dann zu der Kürbismasse im Mixer geben und mischen. Zu guter Letzt noch einmal abschmecken und dann abkühlen lassen.

In der Zwischenzeit in einer kleinen Schüssel den Joghurt, den Thymian und den Zitronensaft verrühren und mit etwas Salz und Pfeffer würzen.

Das abgekühlte Kürbispüree in eine Schüssel löffeln, die Joghurtmischung darüberträufeln und alles mit den gehackten Haselnüssen bestreuen. Bei Raumtemperatur servieren.

HUMUS ÜBER NACHT

Hausgemachter Humus ist mit dem Zeug aus dem Supermarkt gar nicht zu vergleichen. Zum Glück lässt sich der schwierigste Teil, nämlich die Kirchererbsen butterweich zu kochen, im Holzofen ganz einfach erreichen.

140–150 °C
ERGIBT 4–6 PORTIONEN

150 g getrocknete Kichererbsen
150 g helles Tahini
2–3 Knoblauchzehen, zerdrückt
Saft ½ Zitrone (nach Geschmack)
ca. 6 EL Eiswasser
Salz und frisch gemahlener schwarzer Pfeffer

Zum Anrichten (optional)
ein kräftiger Spritzer extra-vergines Olivenöl
1 EL grob gehackte glattblättrige Petersilie oder Koriander
1 EL geröstete Pinienkerne
1 TL geröstete Kreuzkümmelsamen
½ TL geräuchertes Paprikapulver

Vor dem Zubettgehen die Kichererbsen in einen großen Steinguttopf geben und mit mindestens der dreifachen Menge kaltem Wasser bedecken. Den Topf mit einem fest schließenden Deckel oder Alufolie verschließend und über Nacht in den Ofen stellen.

Die Erbsen am nächsten Morgen abgießen und noch heiß in den Mixer geben. Die Tahini, den Knoblauch und den Zitronensaft dazugeben und zu einer groben Paste verarbeiten. Bei laufendem Motor ganz langsam das kalte Wasser einfließen lassen. Dadurch emulgiert der Humus zu einem glatten Püree. Ich mag meinen Humus sehr glatt, deshalb lasse ich den Motor einige Minuten laufen. Anschließend mit Salz und frisch gemahlenem schwarzen Pfeffer abschmecken und nach Bedarf noch etwas Zitronensaft dazugeben. Dann in eine Schüssel füllen und abkühlen lassen.

Bis zur Verwendung kalt stellen; vor dem Servieren wieder auf Raumtemperatur erwärmen lassen und nach Geschmack garnieren.

GESCHMORTE ORANGEN FÜR EINE CREMIGE MOUSSE

Der Ursprung dieses Rezeptes hätte einfacher nicht sein können: Ich wickelte einfach einige Orangen in Alufolie und warf sie in den Ofen, bevor ich ins Bett ging. Es war eine Art Experiment, nach dem Motto: „Mal sehen, was dabei herauskommt!“ Am nächsten Morgen waren sie zu einer weichen, recht dunklen Masse zusammengefallen, die nicht sehr appetitlich aussah, dafür aber himmlisch roch, wie sehr intensive Orangenmarmelade. Dies ist wahrscheinlich kein Dessert, für das Sie Ihre Kinder begeistern können – meine waren nicht angetan –, für den Rest von uns war es jedoch durch die intensiv süßen und leicht bitteren Aromen, die Marmelade so göttlich machen, eine wunderbare Sache. Die Orangen lassen sich für später übrigens auch hervorragend einfrieren.

140–150 °C
ERGIBT 4–6 PORTIONEN

2 große unbehandelte Orangen, sorgfältig abgebürstet
200 g Zucker
300 ml Sahne
200 g Naturjoghurt

ein paar Stücke Zartbitterschokolade, in Spänen, zum Garnieren

Die Orangen einzeln großzügig in Alufolie wickeln, sodass sie vollständig umhüllt sind und in einen kleinen Bräter setzen. Sobald der Ofen auf 140–150 °C abgekühlt ist, den Bräter hineinstellen, die Tür schließen und die Orangen bis zum nächsten Morgen schmoren (8–10 Stunden sind perfekt).

Die Orangen am Morgen aus dem Ofen holen und über dem Bräter vorsichtig auswickeln, sodass kein Saft verloren geht. Anschließend halbieren – die Früchte sind so weich, dass ein gewöhnliches Tafelmesser ausreicht – und dann mit einem Teelöffel ggf. die Kerne herausfischen. Die Orangen (Fruchtfleisch, Saft und Zesten) in einem Mixer sehr fein pürieren. Alternativ einen Stabmixer verwenden.

Ein Sieb über eine Schüssel hängen, das Orangenpüree hindurch streichen und dann abkühlen lassen. An diesem Punkt kann das Püree auch einige Tage kalt gestellt oder gar eingefroren werden.

Die Sahne in eine zweite Schüssel geben, sobald das Orangepüree vollständig abgekühlt ist. Halb steif schlagen, dann den Joghurt und das Orangepüree unterheben und spiralförmig verrühren. In eine Servierschüssel geben oder gleich portionsweise verteilen und mindestens 1 Stunde kalt stellen. Das Ganze hält sich problemlos auch 12 Stunden im Kühlschrank.

Unmittelbar vor dem Servieren mit dem Gemüseschäler einige Streifen Zartbitterschokolade abziehen und auf die Mousse geben.

DIE WELTBESTE HÜHNERBRÜHE

Dieses Rezept für Hühnerbrühe habe ich für meine Familie jahrelang bei niedriger Hitze auf dem Herd zubereitet, aber die Zubereitung in der beständig fallenden Temperatur des Holzofens ist noch einmal etwas ganz anderes – die entstehende Flüssigkeit ist vollkommen klar und intensiv aromatisch. Die Zwiebeln nicht zu schälen mag Ihnen vielleicht seltsam vorkommen, aber die Zwiebelschalen verleihen der Brühe einen tollen, dunklen Karamellton.

140–180 °C
ERGIBT 1,5–2 LITER BRÜHE, DIE PORTIONSWEISE EINGEFROREN WERDEN KANN

1 Brathuhnkarkasse, oder einzelne Knochen von S. 76, in etwa faustgroße Stücke zerteilt
2 Zwiebeln, geschält und grob gehackt
2 große Karotten, ungeschält grob gehackt
die Stängel von 1 Bund Petersilie, grob gehackt (die Blätter für ein anderes Rezept verwenden)
3 frische oder getrocknete Lorbeerblätter
1 TL schwarze Pfefferkörner
2 l kaltes Wasser

Einfach alle Zutaten in einen großen Suppentopf geben, umrühren und die Zutaten dabei soweit wie möglich unter die Wasseroberfläche drücken. Mit einem fest sitzenden Deckel oder einem Stück Alufolie zudecken und zunächst beiseitestellen, bis Sie mit dem Kochen im Ofen für diesen Tag durch sind.

Vor dem Schlafengehen, den Topf in die Mitte des Ofens stellen und die Tür fest verschließen. Bis zum Morgen in Ruhe lassen.

Die Brühe köchelt ganz sanft über Nacht – 7, 8, 9 Stunden oder, wenn Sie Glück haben, sogar mehr. Den Topf am Morgen herausholen und etwas abkühlen lassen. Dann die Brühe durch ein Sieb in eine große Schüssel abseihen und ganz abkühlen lassen. Anschließend bis zur Verwendung im Kühlschrank aufbewahren, wo sie sich bis zu 5 Tage hält, oder ggf. portionsweise für den späteren Gebrauch einfrieren.

ÜBER NACHT GETROCKNETE TOMATEN

Ein weiteres ganz einfaches Über-Nacht-Gericht, das sich vor allem für Tomaten eignet, die nicht ganz so süß sind, wie Sie sich das wünschen.

130–150 °C

mittelgroße bis große Tomaten, so viele Sie möchten, halbiert

Die Tomatenhälften mit etwas Abstand zueinander auf ein Backblech legen, damit die Hitze sie rundherum erreicht. Im Zweifelsfall ein zweites Blech verwenden. Zu eng nebeneinander verkochen die Tomaten zu (köstlichem) Brei, trocknen aber nicht. Öl und Gewürze sind nicht notwendig, da die Tomaten nur getrocknet werden sollen, was ihren Eigengeschmack intensiviert. Das Backblech dann in den Ofen schieben.

Am Morgen wieder herausholen und vollständig abkühlen lassen. Dann in eine Schüssel geben, mit etwas Öl beträufeln und mit Salz und Pfeffer würzen und sanft darin schwenken. Zugedeckt im Kühlschrank aufbewahrt halten sich die Tomaten etwa 1 Woche.

SCHWEINE-RILLETTES MIT EINGELEGTER ROTE BETE

Als Einführung zu französischen Fleisch- und Wurstwaren sind Schweine-Rillettes prima geeignet. Stellen Sie sich das Ganze als Mischung aus Pastete und Pulled Pork vor, sehr reichhaltig und aromatisch, fantastisch auf Toast und noch besser auf den Kümmelkräckern auf S. 137. Schweinebauch profitiert stets von der Low-and-Slow-Zubereitung, deshalb eignet er sich ideal für das Schmoren im Holzofen.

130–150 °C
ERGIBT 1 GROSSES GLAS FÜR ETWA 8 PORTIONEN

Für die Rillettes
1,5 kg Schweinebauch mit Schwarte (ohne Schwarte ca. 1,1–1,2 kg)
2 TL Salz
2 TL schwarze Pfefferkörner, grob zerkleinert
1 TL Wacholderbeeren, grob zerkleinert
½ Muskatnuss, frisch gemahlen (oder 1 TL Muskatnusspulver)
5 Knoblauchzehen, gequetscht und geschält
3 Zweige frischer Thymian
3 Lorbeerblätter
Salz und frisch gemahlener schwarzer Pfeffer

Für die eingelegte Rote Bete
2 kleine Rote Bete
4 EL Weißweinessig
2 TL Zucker
1 TL Salz

Für die Petersiliensalsa
50 g (½ großer Bund) glattblättrige Petersilie
1 EL Olivenöl
1 EL Weißweinessig
1 Knoblauchzehe, grob gehackt
1 EL Kapern
1 EL Dijonsenf

Für dieses Rezept sollte der Ofen auf 130–150 °C abgekühlt sein (siehe S. 143 für Tipps, wie man einen zu heißen Ofen abkühlt).

Wird Schweinebauch mit Schwarte verwendet, diese mit einem sehr scharfen Messer abschneiden. Sie kann anschließend entweder entsorgt oder, viel besser, zu Schweinekrusten (siehe S. 68) verarbeitet werden.

Das Fleisch in einen Bräter legen, es soll in einer Schicht eng darin liegen. das Salz, die Pfefferkörner, die Wacholderbeeren und die Muskatnuss darüberstreuen und kräftig einreiben. Anschließend den Knoblauch, den Thymian und die Lorbeerblätter dazu stecken. An diesem Punkt kann das Fleisch bis zu 24 Stunden im Kühlschrank aufbewahrt oder direkt zubereitet werden. Durch die lange Garzeit muss es nicht mariniert werden.

Sobald es losgehen kann, etwa 500 ml kaltes Wasser in den Bräter gießen, sodass das Fleisch gerade bedeckt ist. Dann mit einem Stück Backpapier abdecken, dieses gut feststecken und den Bräter dann mit einem Deckel oder einem Stück Alufolie fest verschließen. In den Ofen schieben und über Nacht schmoren.

Am nächsten Morgen das Fleisch vorsichtig auf ein Backblech legen. Den Bratensaft durch ein Sieb in eine Schüssel abseihen und vollständig abkühlen lassen. Das Fett soll sich an der Oberfläche absetzen.

Das Fleisch dann mit zwei Gabeln vorsichtig zerrupfen und dabei alle fettigen Häutchen zwischen den Muskelschichten entsorgen. Anschließend auf ein Schneidebrett geben und mit einem großen Messer in kurze Fasern schneiden. Die Fleischfasern in eine Terrine oder ein Glas mit weitem Hals legen und fest andrücken. Danach das Fett vom Bratensaft abschöpfen und über das Fleisch geben, bis es vollständig bedeckt ist. Mehrere Stunden, besser noch über Nacht, kalt stellen. Wenn das Fett abkühlt wird es fest und bildet ein luftdichtes Siegel über dem Fleisch. So verschlossen hält es sich etwa 1 Woche. Wird die Fettschicht durchstoßen, muss das Fleisch innerhalb von 3–5 Tagen verzehrt werden.

Etwa 1 Stunde vor dem Servieren der Rillettes die eingelegte Rote Bete und die Petersiliensalsa zubereiten. Die Rote Bete schälen, in sehr dünne Scheiben schneiden und in einer flachen Schale verteilen. Den Essig darüberträufeln, alles mit dem Zucker und dem Salz bestreuen und 1 Stunde beiseitestellen. Die Scheiben dabei immer wieder wenden. Für die Petersiliensalsa alle Zutaten in einen tiefen Krug geben, mit einem Pürierstab pürieren und mit Salz und Pfeffer abschmecken.

Die Rillettes mit reichlich Toast oder Kräckern servieren und dazu die Rote Bete sowie die Petersiliensalsa reichen.

FRÜCHTEKUCHEN IN ZEITUNGSPAPIER GEBACKEN

Ich habe jahrzehntealte, aber doch ganz lebendige Erinnerungen daran, wie meine Mutter immer die halbe Nacht wach blieb, um das Früchtebrot für Weihnachten zu backen. Dabei vertraute sie stets auf ihr Delia-Rezept. Solch ein schweres, großes Früchtebrote braucht viel Zeit und eine sanfte Behandlung. Ist die Temperatur zu hoch, verbrennt die Außenseite, bevor es innen gar ist. Also dachte ich mir, es müsste doch ein perfektes Gericht für die sinkende Hitze des Holzofens sein – und es funktionierte tatsächlich perfekt. An einige Dinge müssen Sie dabei denken: der Ofen darf nicht zu heiß sein und die Form muss mit reichlich Zeitungspapier kräftig isoliert werden – eine ganze Sonntagszeitung ist ideal! Zudem sollten Sie die Form auf ein Kuchengitter stellen, damit sie keinen direkten Kontakt zum Ofenboden hat. Fangen Sie mit dem Kuchen einen Tag vor dem Backen an, damit die Früchte genug Zeit zum Einweichen haben.

120–130 °C
ERGIBT EINEN FRÜCHTEKUCHEN MIT 23 CM DURCHMESSER

900 g gemischte Trockenfrüchte (Rosinen, Sultaninen, Korinthen, Cranberrys, gehackte Datteln, Pflaumen, Feigen, Aprikosen)
150 g gemischte Maraschinokirschen und Orangeat bzw. Zitronat (nach Geschmack)
100 ml Brandy, Rum oder Whisky
250 g weiche Butter
250 g dunkler Rohrzucker
4 Eier
250 g Mehl
2 TL Backpulver
1 EL Mixed Spice (siehe S. 106)
1 EL Melasse

Sie benötigen außerdem eine Springform (23 cm Durchmesser), eine ganze Sonntagszeitung und Küchengarn zum Festbinden.

Die Trockenfrüchte, die Maraschinokirschen und die kandierte Zitruszesten in eine große Schüssel geben und den Alkohol hineingießen. Alles sorgfältig verrühren, dann 12–24 Stunden ziehen lassen und dabei 1–2-mal umrühren.

Den Boden und die Seiten der Kuchenform mit einer doppelten Schicht sorgfältig eingefettetem Backpapier auslegen. Anschließend mehrere Seiten Zeitungspapier der Länge nach halbieren, sodass ein langes Papierband entsteht, das etwa doppelt so hoch ist wie die Kuchenform. Das Ganze mit weiterem Zeitungspapier wiederholen und dieses dann um die Außenseite der Kuchenform wickeln und festbinden – ein zweites Paar Hände ist hier sehr hilfreich. Als nächstes ein Backblech mit einigen Blättern Zeitungspapier auslegen und die Kuchenform darauf stellen. Es wird später noch weiteres Zeitungspapier für die Oberseite der Form benötigt.

Sobald die Früchte eingeweicht sind, die Kuchenform vorbereitet und der Ofen ausreichend abgekühlt ist (auf 120–130 °C), kann es losgehen. Je nachdem, wie gut isoliert der Ofen ist, kann das Abkühlen eine ganze Weile dauern (siehe S. 143 für Tipps zum Abkühlen). Der Kuchen darf aber nicht hineingestellt werden, wenn der Ofen noch zu heiß ist, da dieser sonst über Nacht zerkochen könnte.

Die Butter und den Zucker in eine Schüssel geben und mit einem Handrührgerät schaumig schlagen. Nacheinander die Eier dazugeben und jeweils sorgfältig einarbeiten. Sobald alle Eier verarbeitet sind, das Mehl, das Backpulver und das Mixed Spice dazugeben und alles sorgfältig mischen. Zu guter Letzt die eingelegten Früchte und die Melasse unterheben, die Masse in die vorbereitete Form gießen und mit einem Messer glatt streichen.

Die letzten Seiten Zeitungspapier zusammenfalten und auf die Kuchenform legen. Das Backblech mit der Form auf ein Kuchengitter stellen und so in den abgekühlten Ofen schieben. Anschließend die Tür schließend und den Kuchen über Nacht im Ofen lassen – 8 Stunden sollten kein Problem sein.

Den fertigen Kuchen aus dem Ofen holen, aus der Zeitung auswickeln und die Ränder mit einem Messer lösen. Anschließend die Springform öffnen und den Kuchen auf einem Kuchengitter abkühlen lassen.

Ist der Kuchen ganz abgekühlt, wird er in Backpapier und Alufolie gewickelt und luftdicht in einer Blechdose aufbewahrt. Darin hält er sich mindestens 6 Wochen. Soll es ganz extravagant sein, den Kuchen regelmäßig mit etwas Alkohol „füttern", das heißt, ihn auswickeln, mit einem Spieß einige Löcher hineinstechen und vorsichtig etwas Alkohol darüberträufeln. Anschließend wieder einwickeln und zurück in die Dose legen.

OVERNIGHT-PORRIDGE

Dieses Rezept macht praktisch gar keine Arbeit und eignet sich deshalb großartig dafür, auch noch das letzte bisschen Energie Ihres Ofens auszunutzen. Außerdem, gibt es an einem kalten Morgen ein besseres Frühstück? Der Ofen muss kalt genug sein, damit das Porridge weder anbrennt noch austrocknet (120–130 °C sind ideal). Als zusätzliche Rückversicherung stelle ich den Topf immer auf ein Kuchengitter, sodass er nicht direkt auf dem Boden des Ofens ruht. Kernige Haferflocken sind für dieses Gericht besser geeignet, da sie nicht vollkommen zerfallen. Machen Sie sich keine Sorgen über das Verhältnis zwischen Haferflocken und Flüssigkeit – Overnight Oats benötigen viel Flüssigkeit, damit sie nicht austrocknen.

120–130 °C
ERGIBT 4 GROSSZÜGIGE PORTIONEN

150 g Haferflocken
600 ml kaltes Wasser
400 ml Milch

Alle Zutaten in ein schweres Keramikgefäß – Terrakotta oder Steingut sind perfekt – geben und kurz umrühren. Sollen die Haferflocken mit Gewürzen oder Obst gekocht werden (für weitere Ideen siehe unten), ist jetzt der richtige Zeitpunkt sie hinzuzufügen.

Ein großes Stück Backpapier unter fließendem Wasser befeuchten, überschüssiges Wasser abschütteln und das Papier dann direkt auf das Porridge legen. Das Gefäß anschließen mit einem fest sitzenden Deckel oder Alufolie verschließen.

Den Topf, sobald der Ofen kühl genug ist, auf ein Kuchengitter in den kühlsten Teil des Ofens stellen. Die Tür schließen und bis zum nächsten Morgen in Ruhe lassen.

Am Morgen bzw. nach 7–8 Stunden den Topf herausholen und das Porridge mit den Beilagen der Wahl servieren.

NOCH ETWAS ...

Vor dem Kochen dazugeben:

- Eine Handvoll Trockenfrüchte – Cranberrys, Rosinen, gehackte Datteln, Pflaumen oder Aprikosen
- 1 kräftige Prise Zimt oder Mixed Spice (siehe S. 106)
- 1–2 klein geschnittene Äpfel

Nach dem Kochen:

- Mit braunem Zucker bestreuen bzw. mit Honig oder Golden Syrup beträufeln

Register

DANKSAGUNG

Ein Buch entsteht immer durch die Zusammenarbeit vieler kreativer Köpfe und der größte Dank für dieses Werk hier geht an meinen wunderbaren Ehemann, der mir dabei half, meine Besessenheit mit dem Feuer in ungeahnte Sphären zu transportieren. Zusammen planten, zeichneten und bauten wir unseren Holzofen, ein wahres Kind der Liebe, das viel mehr Wochenenden in Anspruch nahm, als vernünftig gewesen wäre. Vielen Dank natürlich auch an meine großartigen Kids Izaac und Eve, die dank des Versprechens von (fast) grenzenloser Pizza den ganzen Prozess klaglos in Kauf nahmen.

Eine besondere Erwähnung gebührt Terry Lyons, Konstrukteur von Holzöfen, der viel Zeit mit uns verbrachte, damit wir am Ende den bestmöglichen Ofen bauen konnten. Vielen Dank, Terry!

Ein großer Dank an Sarah Lavelle die von Anfang an an meine Idee glaubte sowie an das Team bei Quadrille, die das Wunderwerk, das Sie in den Händen halten, produzierten. Mein Fotograf Jason Ingram hat sich, wieder einmal, selbst übertroffen – vielen, vielen Dank für deine endlos gute Laune und deine fantastischen Fotos, Jason. Ein riesiges Dankschön auch an meine lieben Freunde Jo Ingleby und Danielle Coombs – beides Legenden in Bristol, die an den Aufnahmetage wie die Verrückten kochten und mir halfen, all die tollen Gerichte zu produzieren, die Sie auf diesen Seiten sehen.

Last but not least – ein Kochbuch ist nichts ohne Leser und enthusiastische Köche, deshalb danke ich auch Ihnen allen, die Sie dieses Buch verwenden. Ich weiß es wirklich zu würdigen.

HEEL Verlag GmbH
Gut Pottscheidt
53639 Königswinter
Tel.: 02223 9230-0
Fax: 02223 9230-13
E-Mail: info@heel-verlag.de
www.heel-verlag.de

2. Auflage 2022

Originaltitel: The Ultimate Wood-Fired Oven Cookbook, by Genevieve Taylor
Original-ISBN: 978-1-78713-177-4

Deutsche Ausgabe:
Übersetzung: Jacqueline Dubois, Berlin
Satz: Stefan Witterhold, Königswinter
Coverdesign: Axel Mertens, Königswinter
Lektorat: Hannah Kwella

Printed in China

ISBN 978-3-95843-809-5

FSC
www.fsc.org
MIX
Paper from responsible sources
FSC™ C020056